本著作为教育部人文社科项目资助成果

城镇化发展与农民工子女学校教育的融合：理论与实践研究

CHENGZHENHUA FAZHAN YU NONGMINGONG ZINÜ XUEXIAO
JIAOYU DE RONGHE: LILUN YU SHIJIAN YANJIU

刘　婷◎著

山西出版传媒集团
山西经济出版社

图书在版编目（CIP）数据

城镇化发展与农民工子女学校教育的融合：理论与
实践研究／刘婷著. —太原：山西经济出版社，
2018.11
　ISBN 978 - 7 - 5577 - 0400 - 1

　Ⅰ. ①城… Ⅱ. ①刘… Ⅲ. ①城市化 - 研究 - 中国②
流动人口 - 教育研究 - 中国 Ⅳ. ①F299.21②G52

　中国版本图书馆 CIP 数据核字（2018）第 258309 号

城镇化发展与农民工子女学校教育的融合：理论与实践研究

著　　者：刘　婷
选题策划：刘　芬
责任编辑：李春梅
装帧设计：人文在线

出 版 者：山西出版传媒集团·山西经济出版社
地　　址：太原市建设南路 21 号
邮　　编：030012
电　　话：0351 - 4922133（市场部）
　　　　　0351 - 4922085（总编室）
E - mail：scb@ sxjjcb. com（市场部）
　　　　　zbs@ sxjjcb. com（总编室）
网　　址：www. sxjjcb. com

经 销 者：山西出版传媒集团·山西经济出版社
承 印 者：北京市金星印务有限公司

开　　本：710mm×1000mm　1/16
印　　张：13.5
字　　数：241 千字
版　　次：2019 年 3 月　第 1 版
印　　次：2019 年 3 月　第 1 次印刷
书　　号：ISBN 978 - 7 - 5577 - 0400 - 1
定　　价：54.00 元

目 录
CONTENTS

第一章 绪 论

改革开放以来，我国的经济和社会得到了快速发展，在城镇化快速发展的过程中，国内出现了前所未有的大规模的人口流动，一个特殊的、为城市建设默默贡献的群体，成为城市建设不可缺少的中坚力量，这就是农民工群体，也叫"外来务工人员"。农民工是我国独有的城乡二元体制下的产物，是我国改革开放后城镇化飞速发展进程中涌现出的重要劳动力。农民工对我国城镇化、工业化的发展做出了巨大的贡献。在关注这一群体的经济条件和社会地位的改善之余，还有一个更为重要的关注点则是其子女的教育问题。尤其是进入 21 世纪以来，随着农民工群体的不断扩大，跟随父母进城的子女数量也随之增加，农民工群体的家庭化趋势越来越明显。城市中数量飞速增加的农民工衣食住行等方面的问题不容忽视，其中农民工子女的教育问题尤其突出，这也成为政府和社会关注的重点问题之一。当前能否解决农民工子女的教育问题关系到我国农民工子女的素质能否得到提高，而农民工子女的素质的提高又关系到农民收入的增加及农村经济的发展，更关系到我国城镇化建设以及和谐社会发展的进程。

一、城镇化发展与农民工人口的增长

自 1978 年改革开放以来，中国城市化进程一直处于高速发展的状态。自 2000 年以后，我国人口持续向沿江、沿海、铁路沿线地区聚集，城市群人口集聚度呈加大的发展态势。根据中共中央和国务院的决定，我国进行了四次全国人口普查，分别为 1982 年、1990 年、2000 年和 2010 年。表 1-1 中列出了四次人口普查的数据，从表中可以看出：随着年份的推移，城镇化的人口

1

比例在不断增加。在改革开放初期，我国的城镇化人口比例接近 20%；到改革开放 40 年后，我国的城镇化比例已经超过 50%。国家统计局的 2017 年年报数据显示，城镇化的人口比例为 57.35%，全国农民工总量为 28652 万人。

表 1-1　城镇化人口比例的增长

年份 城市	1982	1990	2000	2010
北京市（万人）	923	1082	1382	1961
天津市（万人）	776	878	1001	1294
上海市（万人）	1186	1334	1674	2302
全国城镇化人口比例（%）	20.6	26.23	36.09	49.68

注：以上数据全部来自于国家统计局 1978—2017 年公布的"人口普查数据"。

人口普查数据中明确对全国流动人口进行统计的有三次，分别为 2000 年、2005 年和 2010 年。调查显示农民工的人数呈增长的趋势，2000 年的农民工人数为 14439 万人，2005 年增长至 14735 万人，2010 年则上升为 26138 万人。尤其是 2005—2010 年，农民工子女的人口增长数量几乎翻倍。随着对农民工问题的重视，国家统计局自 2010 年全国第六次人口普查后，每一年都发布一次统计年报，对农民工人口的数量进行统计。数据显示，农民工人数从 2012 年至今，一直保持稳步增长的趋势。在 2012 年统计局发布的报告中，我国城镇化人口比例第一次超过 50%，城镇化人口比例平稳增长至今（2018年）（见表 1-2）。

表 1-2　近年来城镇化发展以及农民工人数增长

年份	2012	2013	2014	2015	2016	2017
城镇化人口比例（%）	51.30	52.60	53.73	54.77	56.10	57.35
农民工人数（万人）	25278	26261	26894	27395	27747	28171

学术界将农民工子女分为两个部分，一部分是离开户籍所在地，跟随父母到城市务工的城市农民工子女，另一部分是仍然留在户籍所在地的留守儿童。本书所研究的城市农民工子女指的是前者。根据国家统计局的定义，农民工子女是指 6—14 周岁跟随父母离开农村户籍所在地，并进入城市连续居

住半年以上的儿童。对于农民工子女的数据并没有全国性的官方数据的统计，这一情况的发生有很多原因：首先，由于户籍的限制，很多农民工并没有带着子女在城市接受教育，而是作为留守儿童在户籍所在地接受教育；其次，由于农民工人口流动较大，很多没有固定的工作地点，因此对于这部分人的子女的数据统计也有较大难度；最后，由于近些年，地方政府不断地调整户籍制度，使很多农民工家庭得以在城市落户，他们的子女数量又不属于传统定义的农民工子女。基于以上的种种原因，以及未提及的原因和实际统计的困难，目前国家还没有普查性的农民工子女数据。尽管如此，从 20 世纪末的各种研究和调研报告中我们不难发现，农民工子女的数量随着父母迁移至城市而不断地增长。最早的较为权威的调研数据显示，1996 年对东部六省市的统计，农民工子女占城市总儿童数量的比例平均为 12.05%。而这一数据在 2010 年以后的东部部分沿海城市则超过 50%。

二、农民工子女教育研究的概述

通过对中国学术期刊网近 20 年的学术研究进行统计和分析，内容总结如下。以"农民工子女教育"为主题的学术论文和项目关注"农民工子女教育""教育公平问题""政策管理"等研究热点，其在名称上不完全统一，包括"流动儿童""进城务工人员""农民工子女"等（见图 1-1）。

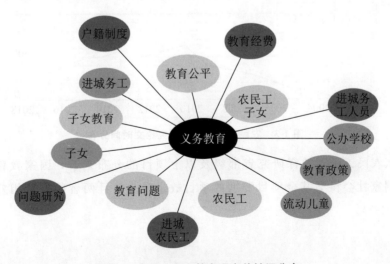

图 1-1　农民工子女教育研究关键词分布

农民工子女教育研究发文量的分布统计分析结果显示，期刊论文的数量比重最大（40.3％），其次为年鉴（19.7％）和报纸（15.7％）（见图1-2）。

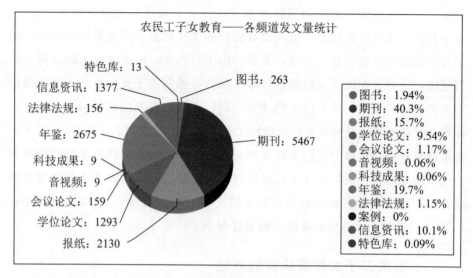

图 1-2 农民工子女教育研究发文量的分布统计

从研究的时间分布来看，从2004年开始，关于农民工子女教育研究的论文呈显著的增长趋势，至2010年达到了数量的最高峰。近些年有缓慢的下降趋势，但是每年的研究数量还是很大（见图1-3）。

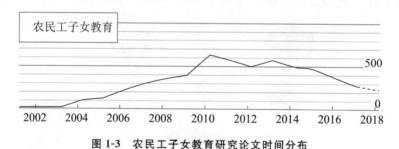

图 1-3 农民工子女教育研究论文时间分布

从农民工子女教育研究省部级及以上项目的分布来看，国家教育部基金和国家社会科学基金项目资助的项目数量最多，且两者的数量相差无几（见表1-3）。

表 1-3 农民工子女教育研究省部级及以上项目统计表

序 号	名 称	数 量
1	国家教育部基金	58
2	国家社会科学基金项目	57
3	省市基金项目	39
4	国家自然科学基金项目	11
5	科技部国家科技计划项目	1

从研究的区域来看，农民工子女教育研究地区分布排在前三名的省市分别为北京市、湖北省、上海市。此外，江苏省、四川省、浙江省和广东省作为农民工聚集比例较高的城市，对应的研究比例也很高（见图 1-4）。

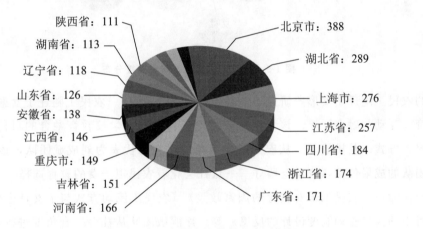

图 1-4 农民工子女教育研究地区分布

在目前国内研究的高校机构中，华东师范大学、华中师范大学、北京师范大学、中国人民大学以及浙江师范大学等几所高校中发表的农民工子女教育研究的论文最多，其他高校发布较多科研成果的也分布在图 1-5 中。

从对中国学术期刊网和万方学术两大学术期刊网的论文发表内容进行的总结发现，学者及其团队对农民工子女教育的研究角度呈现多样化的特点，包括政策角度、公共管理角度、学校教育角度、人口学角度等。从学校教育角度研究的，以黄兆信、万荣根、郭丽莹团队为代表，包括 2015 年《农民工随迁子女融合教育校本课程开发研究》《农民工随迁子女融合教育：政府的困境与措施》《农民工子女融合教育：教师职业能力面临新挑战》《大众传媒中

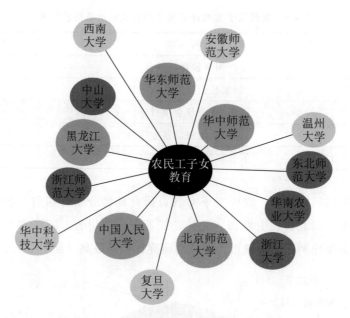

图1-5 农民工子女教育研究高校分布

的农民工随迁子女形象研究——基于社会融合视角》《农民工随迁子女融合教育：互动与融合》等。该角度主要讨论了目前国内学校教育融合的目标、内容、方式以及挑战等。从宏观的政策角度研究的代表为刘成斌团队，该研究团队的成果包括《流动与留守——从社会化看农民工子女的教育选择》《出路与保障——农民工子女教育的国家政策》《农民工流动方式与子女社会分化：对中国人口流动制度设计的反思》等。徐丽敏团队从社会融合角度进行研究，其成果包括《农民工子女在城市教育过程中的社会融入研究》《农民工随迁子女义务后教育：问题与对策》《农民工子女城市社会融入的模式构建》等。周佳团队则从政府和政策角度进行讨论，该研究团队的成果包括《遏制贫困：关于农民工子女受教育问题的思考和对策建议》《自由裁量与"流入地政府负责"的政策执行》《私校公助——农民工子女简易学校的扶持方案》等。此研究领域的代表团队还有吴霓团队，该研究团队的成果有《农民工随迁子女教育的新趋势及对策》《农民工随迁子女异地中考政策研究》《进城务工就业农民子女接受义务教育的政策措施研究》《民办农民工子女学校设置标准的政策困境及解决措施》。此外，还有从政治与管理角度进行研究的，包括李文彬团队的研究成果《农民工子女义务教育财政供给机制研究》《农民工子女义务教育政策执行梗阻的实证研究》等。以第一作者发表论文的名单与论文数量见图 1-6。

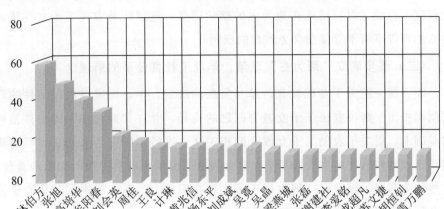

图 1-6　农民工子女教育研究学者主要的团队统计

三、农民工子女教育政策的研究

农民工子女的教育问题作为一个社会问题，已引起了政府和社会的高度重视，且国家已出台了许多相关政策。本章的附录中整理了近 10 年中央政府和地方政府针对农民工子女家庭在城市发展的意见。由颁布的文件我们可以看出，政府在宏观政策调控上鼓励农民工家庭在城市定居，例如户籍的改革、社会福利的保障等。

为了切实贯彻《中华人民共和国教育法》（以下简称《教育法》），《中华人民共和国义务教育法》（以下简称《义务教育法》）等有关法律，国家于 1998 年开始陆续颁布《流动儿童少年就学暂行办法》《国务院关于基础教育改革和发展的决定》《关于进一步做好进城就业务工农民子女义务教育工作的意见》《中国儿童发展纲要（2001—2010 年）》等有利于流动儿童平等接受义务教育的政策法规，为农民工子女平等地享受城市的教育提供了制度保障和法律保障。目前对农民工子女教育政策问题的研究成果比较多，但是大部分是从目前现有的政策来解读农民工子女的受教育权得以保障的法律依据。

已有的文献研究显示，我国在农民工子女教育方面的政策有以下特点。

（一）初步打破了以户籍制度为主的义务教育入学体制

在国家教育部、公安部联合颁布的《流动儿童少年就学暂行办法》中，国家通过政策文件的形式，明确了农民工流入地的地方政府和教育行政部门在解决农民工随迁子女就学方面应该承担的教育责任和管理职责，从而在一定程度上打破了以户籍所在地为主的就学壁垒，这意味着农民工子女在流入地依然可以享有平等接受义务教育的权利。

（二）逐步确立"两为主"政策，体现了教育公平的新理念

在《国务院关于基础教育改革与发展的决定》中，国家首次以文件的形式明确提出了解决农民工子女教育问题的途径，并在"两为主"的文件精神的基础上，对关于农民工子女教育的相关文件进行不断完善和修正，明确规定了流入地政府在解决农民工子女教育问题上应承担的教育投入和管理责任，这些作为凸显了国家在处理农民工子女教育问题上"以人为本"的核心价值观念，彰显了教育公平的新理念。

（三）政策权威性和深入性不断加强

我国于 2006 年颁布了《中华人民共和国义务教育法》，这标志着我国对农民工子女教育问题的重视从原来的行政规定政策层面，上升到了法律的高度。而在新时期"十二五"教育发展规划中更是着力关注在农民工子女的义务教育阶段结束后，应如何解决其高中教育的问题。这些决策都非常有利于解决农民工子女教育问题，也有利于缩小城乡、区域间教育发展差距，提升我国教育教学质量。

尽管国家制定了许多有利于解决农民工教育问题的决策，但是，政策执行实效性存在不足。随着我国对农民工子女教育问题的重视，国家和地方政府有关农民工子女教育的相关政策越来越具体、明确和完善，但不能否认的是，现有的农民工子女教育政策在实际的执行过程中，仍需要面对许多问题及阻碍，包括各类入学凭证办理手续烦琐、进入公立学校的隐性收费和高门槛等。根据相关文献调查资料显示，农民工子女进入城市重点中小学校存在极大障碍，虽然流入地政府支持农民工随迁子女入学"以流入地公办中小学为主"这一决策，但实际上各地重点学校仍然把农民工子女排除在接纳的范围之外。随着社会经济发展，流动务工人员在经济发展方面发挥着越来越重要的作用，政府对农民工随迁子女的教育问题给予了高度重视，因此加强对农民工子女教育的政策支持，完善对农民工子女相关教育政策的配套要求，包括如何建立保障农民工随迁子女平等接受义务教育的保障机制、完善农民工子女积分入读公办学校的政策等都是迫切需要的。

四、农民工子女教育的发展特点

(一) 教育政策由中央统筹，地方特色执行的特点

中央颁布的文件具有引领性和基础性的作用。政府关注的一方面是农民工子女是否拥有合理的城市教育资源，另一方面则是如何使其受教育的程度得到稳定的提高，以及如何使教育质量得到保证。我国在由二元化社会向全面统一发展的过程中，应该合理地配置教育资源。我国的有关部门也针对这些问题分别做出了相关的部署和出台了相关的政策。

在改革开放至今的 40 年的时间里，中央颁布的具有代表性的农民工子女教育文件包括：1996 年的《城镇流动人口中适龄儿童少年就学办法（试行）》、2001 年的《国务院关于基础教育改革与发展的决定》、2003 年的《关于进一步做好进城务工就业农民工子女义务教育工作的意见》、2012 年的《国务院关于深入推进义务教育均衡发展的意见》以及 2016 年的《国务院关于深入推进新型城镇化建设的若干意见》等。在本章的附录中，以上文件中有关农民工子女教育的部分条文被列举了出来。这些文件始终贯穿着坚持以流入地政府管理为主、以全日制公办中小学接纳为主，民办学校接纳为辅的方针，确保进城务工人员随迁子女平等接受义务教育，研究制订了进城务工人员随迁子女接受义务教育后在当地参加升学考试的办法。这些规定为农民工子女融合教育提供了法律依据，也体现了国家保障公民的基本受教育权利的保障。保障有质量的教育公平，重视农民工子女融合教育是社会主义国家的责任。

中央政策出台之后，各地各级政府都积极采取措施。北京、上海、天津、江苏、浙江及深圳等流入地政府都分别制定颁布了有关规定、办法或意见，为进城务工就业农民子女依法接受义务教育提供了政策保证。一线特大城市如北京、上海、广州等颁布了不少规定办法或意见，有《北京市对流动人口中适龄少年儿童实施义务教育的暂行办法》（2002 年），《关于来沪人员随迁子女就读本市各级各类学校的实施意见》（2013 年）等。其他省市或者中小城市也颁布了具有地方特点的农民工子女教育政策，如《安徽省完善农民工子女教育体制机制改革实施方案》（2014 年），《河南省人民政府办公厅关于印发积极推进农村人口向城镇有序转移八项措施的通知》，《湖南省中小学生学籍管理办法》（2015 年），《关于做好进城务工人员随迁子女接受义务教育后在我省

参加升学考试工作的意见》（2012 年）。

这些地方性的政策文件的颁布在一定程度上较好地贯彻了中央的精神。近年来，北京、上海和广东等流入人口比较集中的地区，在对待农民工子女教育问题的态度上，从排挤到接纳、从忽视到重视，发生了很多积极的转变，基本形成了以流入地政府管理为主、公办学校接纳为主、民办学校接收为辅的解决农民工子女教育问题的新格局。

（二）农民工随迁子女教育发展的阶段性特点

20 世纪 80 年代，由于"民工潮"的兴起，大量农民工外出打工，农民工子女的教育问题已经成为我国现行基础教育的难点和热点。我国关于农民工子女的教育政策，经历了萌芽、起始、发展和不断完善等四个阶段。

第一阶段：改革开放初期——萌芽阶段

改革开放初期，进城务工人员数量不多，举家搬迁的更少。因此，大多数农民工子女都是在户籍所在地接受教育，其教育问题并没有引起太多人的重视，相关报道和研究都比较少。《教育法》也没有涉及非户籍人口的义务教育问题，可以说农民工子女教育处于政策空白期。《义务教育法》第 8 条规定："义务教育事业，在国务院领导下，实行地方负责，分级管理。"第 9 条规定："地方各级人民政府应当合理设置小学、初级中等学校，使儿童、少年就近入学。"这实际上是把义务教育问题作为地方性的事业来看的，因此，地方政府只需要负责本地区适龄儿童的义务教育费用。而在户籍制度的限制下，"就近"的标准是具有当地户口，由于流动人口子女没有流入地的户籍，流入地政府对这些儿童也就没有进行义务教育的责任。

第二阶段：20 世纪 90 年代——起步阶段

90 年代以来，流动人口"家庭化"趋势逐渐增强，流动人口子女的义务教育问题也凸显出来，并在一系列相关的教育政策法规中体现出来。尤其在20 世纪 90 年代末期，农民工及其子女涌入城市的数量大量增长，这一特殊现象引起了各级政府的深切关注。1995 年 1 月 21 日至 24 日，《中国教育报》在接连刊发李建平的"流动的孩子哪儿上学"系列报道后，农民工随迁子女的教育问题引起了全社会的关注。1996 年，原国家教委颁布了《城镇流动人口中适龄儿童少年就学办法（试行）》，这一文件使得城镇流动人口中的适龄儿童、少年获得在流入地中小学学习的机会，这一问题由社会现象逐渐转变为一种政府干预行为。随后，原国家教委、公安部于 1998 年颁布了《流动儿童少年就学暂行办法》，此文件对流动人口子女采取限制措施，强调"流动儿童少年常住户籍所在地人民政府应严格控制义务教育阶段适龄儿童少年外流"，而且没有明确流入地政府对城镇流动人口子女义务教育的保证责任。

第三阶段：2000 年——重视与发展阶段

为切实解决农民工随迁子女教育问题，近年来中央政府相继颁布了一系列文件，其中在《国务院关于基础教育改革与发展的决定》和《关于进一步做好进城务工就业农民子女义务教育工作的意见》中明确提出了解决农民工随迁子女教育问题的"两为主"政策，即"由流入地政府负责，以全日制公办中小学为主"。可以说，"两为主"政策的颁布为农民工随迁子女平等地接受义务教育提供了政策上的依据和保障。

第四阶段：近 10 年——发展与完善阶段

2006 年国务院颁布了《关于解决农民工问题的若干意见》，提出"将农民工子女义务教育纳入当地教育发展规划，列出教育经费预算，按照实际在校人数拨付公用经费"，细化了流入地政府的责任，对教育发展规划做了更具体的安排。政府将农民工随迁子女平等接受义务教育纳入《教育法》，"父母或者其他法定监护人在非户籍所在地工作或者居住的适龄儿童、少年，在其父母或者其他法定监护人工作或者居住地接受义务教育的，当地人民政府应当为其提供平等接受义务教育的条件。具体办法由省、自治区、直辖市规定。"这将"两为主"政策赋予了法律效力，也为农民工随迁子女平等接受义务教育提供了法律保障。2010 年的《国家中长期教育改革与发展规划纲要（2010—2020 年)》要求"研究制定进城务工人员随迁子女接受义务教育后再到当地参加升学考试的办法"，保证农民工随迁子女能在城市享有平等优质的义务教育。同时，各级政府也用实际行动贯彻以"公办学校为主、民办学校为辅"的理念，力求实现农民工随迁子女"有书读"的目标。

针对目前依然存在的农业转移人口市民化进展缓慢、城镇化质量不高等问题，近年来，国家颁布的政策中开始提出要加快落实户籍制度改革，积极推进农业转移人口市民化，建立以居住证为主要依据的随迁子女入学政策，从制度上为农民工随迁子女受教育权提供保障。

（三）农民工随迁子女教育在各学龄段的发展

按照教育的年限划分，各级各类的农民工随迁子女教育从三个阶段进行阐述：学前教育（0—6岁）、义务教育（6—12岁）、高中及升学（12—18岁）。在改革开放的40年期间，农民工随迁子女义务教育阶段的教育政策制定最多，各地实施的效果最好，农民工子女义务教育状况也是社会关注最热门的领域。相比之下，学前教育和高中及以后的教育政策制定较晚，到目前为止，还需要进一步努力使其发展得更好。

1. 学前教育

学前教育作为国民教育体系的重要组成部分，对人的终身学习和发展具有重要意义。改革开放以来，城市的学前教育事业取得了一定的发展，但随着外来农民工随迁适龄子女的增加，很多城市的学前教育资源不足的问题开始出现。在满足本市户籍儿童入园需要的同时，很多城市还在城乡接合部及郊区为农民工子女提供接受学前教育的机会。一些未经审批的办园点数量快速增加，在一定程度上满足了农民工随迁子女对接受学前教育或看护的需求，但存在着安全隐患多、申办民办教育机构条件缺乏等问题。因此，针对这些问题，近年来各地大力发展学前教育，出台了很多关于农民工随迁子女教育方面的政策，如《教育部等四部门关于实施第三期学前教育行动计划的意见》（2017年）、《流动人口随迁子女在杭州市区接受学前教育和义务教育管理办法（征求意见稿）》（2016年）、上海《加强郊区学前儿童看护点管理工作若干意见》（2010年）。

2. 义务教育

我国颁布的《义务教育法》明确规定了我国义务教育的公益性、统一性和义务性。《义务教育法》第4条规定："凡具有中华人民共和国国籍的适龄儿童、少年，不分性别、民族、种族、家庭财产状况、宗教信仰等，依法享有平等接受义务教育的权利，并履行接受义务教育的义务。"对于农民工子女，国家也要求"适龄儿童、少年到非户籍所在地接受义务教育的，经户籍所在地的县级教育主管部门或者乡级人民政府批准，可以按照居住地人民政府的有关规定接受义务教育的年限"。2000年以后，各地政府认真贯彻落实"以流入地政府为主，以全日制公办中小学为主"政策，农民工随迁子女在当地接受义务教育的问题得到初步解决。

在义务教育阶段（6—12岁），不仅有《义务教育法》作为农民工子女接受教育的保障，各地政府也分别出台了接纳农民工子女在城市接受义务教育的政策。如上海市《关于来沪人员随迁子女就读本市各级各类学校的实施意见》(2013 年)、广州市《关于进一步做好优秀外来工入户和农民工子女义务教育工作的意见》(2010 年)、《河南省人民政府关于进一步做好进城务工农民随迁子女义务教育工作的意见》(2010 年)等。

3. 高中教育及升学

随着农民工随迁子女在当地接受义务教育的问题得到初步解决,近几年,一些地方开始探索随迁子女接受义务教育后在当地参加升学考试的办法。但随着农民工规模不断扩大,随迁子女完成义务教育的人数不断增多,随迁子女升学考试问题日益突出。2012 年,中央发布《国务院办公厅转发教育部等部门关于做好进城务工人员随迁子女接受义务教育后在当地参加升学考试工作意见的通知》(国办发〔2012〕46 号),要求地方政府保障进城务工人员随迁子女公平受教育权利和升学机会,促进人口合理有序流动。

全国各省市根据实际,制订各自的农民工子女升学方案,其中包括:北京《进城务工人员随迁子女接受义务教育后在京参加升学考试工作方案》(2012 年),《河北省人民政府办公厅转发省教育厅等部门关于做好进城务工人员随迁子女接受义务教育后在当地参加升学考试工作实施方案的通知》,上海市《进城务工人员随迁子女接受义务教育后在沪参加升学考试工作方案》(2012 年),《广东省人民政府办公厅转发省教育厅等部门关于做好进城务工人员随迁子女接受义务教育后在我省参加升学考试工作意见的通知》等。

总的来看,由于我国农民工子女人口分布不均匀、区域经济发展不平衡,农民工子女教育问题还具有独特的社会国情特点。农民工子女教育问题突出表现在以下几个方面:一是农民工子女在进入城市公办学校就读,特别是在分享流入城市的优质教育资源上,尚存在一定障碍;二是农民工子女的频繁流动给所在学校维持正常的教学秩序和学籍管理带来困难,从而影响其接受义务教育权利的实现;三是农民工子女学业不良、心理压力、身份认同不一致等方面问题较为普遍;四是农民工子女在流入城市接受义务教育后,与后续高中阶段等非义务教育难以顺利衔接。本书试图将农民工子女教育的理论与实践结合起来,更深入地了解我国自改革开放至今 40 年的时间内,城镇化的发展和农民工子女教育的变化,通过对政策的梳理以及实证研究结果的呈现,希望能促进我国农民工子女教育公平的进一步实现,最终提升教育的质量。

附录：中央与地方政府部分政策文件（摘选）

一、中央国务院的宏观政策文件

《国务院关于深入推进义务教育均衡发展的意见》

国发〔2012〕48 号

各省、自治区、直辖市人民政府，国务院各部委、各直属机构：

为贯彻落实《国家中长期教育改革和发展规划纲要（2010—2020 年)》，巩固提高九年义务教育水平，深入推进义务教育均衡发展，现提出如下意见。

六、保障特殊群体平等接受义务教育

保障进城务工人员随迁子女平等接受义务教育。要坚持以流入地为主、以公办学校为主的"两为主"政策，将常住人口纳入区域教育发展规划，推行按照进城务工人员随迁子女在校人数拨付教育经费，适度扩大公办学校资源，尽力满足进城务工人员随迁子女在公办学校平等接受义务教育。在公办学校不能满足需要的情况下，可采取政府购买服务等方式保障进城务工人员随迁子女在依法举办的民办学校接受义务教育。

建立健全农村留守义务教育学生关爱服务体系。把关爱留守学生工作纳入社会管理创新体系之中，构建学校、家庭和社会各界广泛参与的关爱网络，创新关爱模式。统筹协调留守学生教育管理工作，实行留守学生的普查登记制度和社会结对帮扶制度。加强对留守学生心理健康教育，建立留守学生安全保护预警与应急机制。优先满足留守学生进入寄宿制学校的需求。

重视发展义务教育阶段特殊教育。各级政府要根据特殊教育学校学生实际制定学生人均公用经费标准，加大对特殊教育的投入力度，采取措施落实特殊教育教师待遇，努力办好每一所特殊教育学校。在普通学校开办特殊教育班或提供随班就读条件，接收具有接受普通教育能力的残疾儿童少年学习。保障儿童福利机构适龄残疾孤儿接受义务教育，鼓励和扶持儿童福利机构根据需要设立特殊教育班或特殊教育学校。

关心扶助需要特别照顾的学生。加大省级统筹力度，落实好城市低保家庭和农村家庭经济困难的寄宿学生生活费补助政策。实施好农村义务教育学生营养改善计划。做好对孤儿的教育工作，建立政府主导，民政、教育、公安、妇联、共青团等多部门参与的工作机制，保证城乡适龄孤儿进入寄宿生活设施完善的学校就读。加强流浪儿童救助保护，保障适龄流浪儿童重返校园。办好专门学校，教育和矫治有严重不良行为的少年。

根据国家有关规定经批准招收适龄儿童少年进行文艺、体育等专业训练的社会组织，要保障招收的适龄儿童少年接受义务教育。

《国务院关于进一步做好为农民工服务工作的意见》

国发〔2014〕40 号

（十四）保障农民工随迁子女平等接受教育的权利。输入地政府要将符合规定条件的农民工随迁子女教育纳入教育发展规划，合理规划学校布局，科学核定公办学校教师编制，加大公办学校教育经费投入，保障农民工随迁子女平等接受义务教育权利。公办义务教育学校要普遍对农民工随迁子女开放，与城镇户籍学生混合编班，统一管理。积极创造条件着力满足农民工随迁子女接受普惠性学前教育的需求。对在公益性民办学校、普惠性民办幼儿园接受义务教育、学前教育的，采取政府购买服务等方式落实支持经费，指导和帮助学校、幼儿园提高教育质量。各地要进一步完善和落实好符合条件的农民工随迁子女接受义务教育后在输入地参加中考、高考的政策。开展关爱流动儿童活动。（教育部会同发展改革委、公安部、财政部、人力资源社会保障部、住房城乡建设部、共青团中央、全国妇联负责）

《国务院关于深入推进新型城镇化建设的若干意见》

国发〔2016〕8 号

二、积极推进农业转移人口市民化

（一）加快落实户籍制度改革政策。围绕加快提高户籍人口城镇化率，深化户籍制度改革，促进有能力在城镇稳定就业和生活的农业转移人口举家进城落户，并与城镇居民享有同等权利、履行同等义务。鼓励各地区进一步放宽落户条件，除极少数超大城市外，允许农业转移人口在就业地落户，优先解决农村学生升学和参军进入城镇的人口、在城镇就业居住 5 年以上和举家迁徙的农业转移人口以及新生代农民工落户问题，全面放开对高校毕业生、技术工人、职业院校毕业生、留学归国人员的落户限制，加快制定公开透明的落户标准和切实可行的落户目标。除超大城市和特大城市外，其他城市不得采取要求购买房屋、投资纳税、积分制等方式设置落户限制。加快调整完善超大城市和特大城市落户政策，根据城市综合承载能力和功能定位，区分主城区、郊区、新区等区域，分类制定落户政策；以具有合法稳定就业和合法稳定住所（含租赁）、参加城镇社会保险年限、连续居住年限等为主要指标，建立完善积分落户制度，重点解决符合条件的普通劳动者的落户问题。加快制定实施推动 1 亿非户籍人口在城市落户方案，强化地方政府主体责任，确保如期完成。

（二）全面实行居住证制度。推进居住证制度覆盖全部未落户城镇常住人口，保障居住证持有人在居住地享有义务教育、基本公共就业服务、基本公共卫生服务和计划生育服务、公共文化体育服务、法律援助和法律服务以及国家规定的其他基本公共服务；同时，在居住地享有按照国家有关规定办理出入境证件、换领补领居民身份证、机动车登记、申领机动车驾驶证、报名参加职业资格考试和申请授予职业资格以及其他便利。鼓励地方各级人民政府根据本地承载能力不断扩大对居住证持有人的公共服务范围并提高服务标准，缩小与户籍人口基本公共服务的差距。推动居住证持有人享有与当地户籍人口同等的住房保障权利，将符合条件的农业转移人口纳入当地住房保障范围。各城市要根据《居住证暂行条例》，加快制定实施具体管理办法，防止居住证与基本公共服务脱钩。

（三）推进城镇基本公共服务常住人口全覆盖。保障农民工随迁子女以流入地公办学校为主接受义务教育，以公办幼儿园和普惠性民办幼儿园为主接受学前教育。实施义务教育"两免一补"和生均公用经费基准定额资金随学生流动可携带政策，统筹人口流入地与流出地教师编制。组织实施农民工职业技能提升计划，每年培训 2000 万人次以上。允许在农村参加的养老保险和医疗保险规范接入城镇社保体系，加快建立基本医疗保险异地就医医疗费用结算制度。

（十）提升城市公共服务水平。根据城镇常住人口增长趋势，加大财政对接收农民工随迁子女较多的城镇中小学校、幼儿园建设的投入力度，吸引企业和社会力量投资建学办学，增加中小学校和幼儿园学位供给。统筹新老城区公共服务资源均衡配置。加强医疗卫生机构、文化设施、体育健身场所设施、公园绿地等公共服务设施以及社区服务综合信息平台规划建设。优化社区生活设施布局，打造包括物流配送、便民超市、银行网点、零售药店、家庭服务中心等在内的便捷生活服务圈。建设以居家为基础、社区为依托、机构为补充的多层次养老服务体系，推动生活照料、康复护理、精神慰藉、紧急援助等服务全覆盖。加快推进住宅、公共建筑等的适老化改造。加强城镇公用设施使用安全管理，健全城市抗震、防洪、排涝、消防、应对地质灾害应急指挥体系，完善城市生命通道系统，加强城市防灾避难场所建设，增强抵御自然灾害、处置突发事件和危机管理能力。

《国务院办公厅关于印发推动 1 亿非户籍人口在城市落户方案的通知》

国办发〔2016〕72 号

（三）主要目标。"十三五"期间，城乡区域间户籍迁移壁垒加速破除，配套政策体系进一步健全，户籍人口城镇化率年均提高 1 个百分点以上，年均转户 1300 万人以上。到 2020 年，全国户籍人口城镇化率提高到 45％，各地区户籍人口城镇化率与常住人口城镇化率差距比 2013 年缩小 2 个百分点以上。

（十五）保障进城落户农民子女平等享有受教育权利。各地区要确保进城落户农民子女受教育与城镇居民同城同待遇。加快完善全国中小学生学籍信息管理系统，为进城落户居民子女转学升学提供便利（教育部牵头）。

《国务院关于进一步完善城乡义务教育经费保障机制的通知》

国发〔2015〕67 号

各省、自治区、直辖市人民政府，国务院各部委、各直属机构：

为深入贯彻党的十八大和十八届二中、三中、四中、五中全会精神，认真落实党中央、国务院决策部署，统筹城乡义务教育资源均衡配置，推动义务教育事业持续健康发展，国务院决定，自 2016 年起进一步完善城乡义务教育经费保障机制。现就有关事项通知如下：

一、重要意义

义务教育是教育工作的重中之重，在全面建成小康社会进程中具有基础性、先导性和全局性的重要作用。自 2006 年实施农村义务教育经费保障机制改革以来，义务教育逐步纳入公共财政保障范围，城乡免费义务教育全面实现，稳定增长的经费保障机制基本建立，九年义务教育全面普及，县域内义务教育均衡发展水平不断提高。但随着我国新型城镇化建设和户籍制度改革不断推进，学生流动性加大，现行义务教育经费保障机制已不能很好地适应新形势要求。城乡义务教育经费保障机制有关政策不统一、经费可携带性不强、资源配置不够均衡、综合改革有待深化等问题，都需要进一步采取措施，切实加以解决。

在整合农村义务教育经费保障机制和城市义务教育奖补政策的基础上，建立城乡统一、重在农村的义务教育经费保障机制，是教育领域健全城乡发展一体化体制机制的重大举措。这有利于推动省级政府统筹教育改革，优化教育布局，实现城乡义务教育在更高层次的均衡发展，促进教育公平、提高教育质量；有利于深化财税体制改革，推动实现财政转移支付同农业转移人口市民化挂钩，促进劳动力合理流动，推动经济结构调整和产业转型升级；有利于促进基本公共服务均等化，构建社会主义和谐社会，建设人力资源强国。

二、总体要求

（一）坚持完善机制，城乡一体。适应新型城镇化和户籍制度改革新形势，按照深化财税体制改革、教育领域综合改革的新要求，统筹设计城乡一体化的义务教育经费保障机制，增强政策的统一性、协调性和前瞻性。

（二）坚持加大投入，突出重点。继续加大义务教育投入，优化整合资金，盘活存量，用好增量，重点向农村义务教育倾斜，向革命老区、民族地区、边疆地区、贫困地区倾斜，统筹解决城市义务教育相关问题，促进城乡义务教育均衡发展。

（三）坚持创新管理，推进改革。大力推进教育管理信息化，创新义务教育转移支付与学生流动相适应的管理机制，实现相关教育经费可携带，增强学生就读学校的可选择性。

（四）坚持分步实施，有序推进。区分东中西部、农村和城镇学校的实际情况，合理确定实施步骤，通过两年时间逐步完善城乡义务教育经费保障机制，并在此基础上根据相关情况变化适时进行调整完善。

三、主要内容

整合农村义务教育经费保障机制和城市义务教育奖补政策，建立统一的中央和地方分项目、按比例分担的城乡义务教育经费保障机制。

（一）统一城乡义务教育"两免一补"政策。对城乡义务教育学生免除学杂费、免费提供教科书，对家庭经济困难寄宿生补助生活费（统称"两免一补"）。民办学校学生免除学杂费标准按照中央确定的生均公用经费基准定额执行。免费教科书资金，国家规定课程由中央全额承担（含出版发行少数民族文字教材亏损补贴），地方课程由地方承担。家庭经济困难寄宿生生活费补助资金由中央和地方按照5∶5比例分担，贫困面由各省（区、市）重新确认并报财政部、教育部核定。

（二）统一城乡义务教育学校生均公用经费基准定额。中央统一确定全国义务教育学校生均公用经费基准定额。对城乡义务教育学校（含民办学校）按照不低于基准定额的标准补助公用经费，并适当提高寄宿制学校、规模较小学校和北方取暖地区学校补助水平。落实生均公用经费基准定额所需资金由中央和地方按比例分担，西部地区及中部地区比照实施西部大开发政策的县（市、区）为8∶2，中部其他地区为6∶4，东部地区为5∶5。提高寄宿制学校、规模较小学校和北方取暖地区学校公用经费补助水平所需资金，按照生均公用经费基准定额分担比例执行。现有公用经费补助标准高于基准定额的，要确保水平不降低，同时鼓励各地结合实际提高公用经费补助标准。中央适时对基准定额进行调整。

（三）巩固完善农村地区义务教育学校校舍安全保障长效机制。支持农村地区公办义务教育学校维修改造、抗震加固、改扩建校舍及其附属设施。中西部农村地区公办义务教育学校校舍安全保障机制所需资金由中央和地方按照5∶5比例分担；对东部农村地区，中央继续采取"以奖代补"方式，给予适当奖励。城市地区公办义务教育学校校舍安全保障长效机制由地方建立，所需经费由地方承担。

（四）巩固落实城乡义务教育教师工资政策。中央继续对中西部地区及东部部分地区义务教育教师工资经费给予支持，省级人民政府加大对本行政区域内财力薄弱地区的转移支付力度。县级人民政府确保县域内义务教育教师工资按时足额发放，教育部门在分配绩效工资时，要加大对艰苦边远贫困地区和薄弱学校的倾斜力度。

统一城乡义务教育经费保障机制，实现"两免一补"和生均公用经费基准定额资金随学生流动可携带。同时，国家继续实施农村义务教育薄弱学校改造计划等相关项目，着力解决农村义务教育发展中存在的突出问题和薄弱环节。

四、实施步骤

（一）从 2016 年春季学期开始，统一城乡义务教育学校生均公用经费基准定额。中央确定 2016 年生均公用经费基准定额为：中西部地区普通小学每生每年 600 元、普通初中每生每年 800 元；东部地区普通小学每生每年 650 元、普通初中每生每年 850 元。在此基础上，对寄宿制学校按照寄宿生年生均 200 元标准增加公用经费补助，继续落实好农村地区不足 100 人的规模较小学校按 100 人核定公用经费和北方地区取暖费等政策；特殊教育学校和随班就读残疾学生按每生每年 6000 元标准补助公用经费。同时，取消对城市义务教育免除学杂费和进城务工人员随迁子女接受义务教育的中央奖补政策。

（二）从 2017 年春季学期开始，统一城乡义务教育学生"两免一补"政策。在继续落实好农村学生"两免一补"和城市学生免除学杂费政策的同时，向城市学生免费提供教科书并推行部分教科书循环使用制度，对城市家庭经济困难寄宿生给予生活费补助。中央财政适时提高国家规定课程免费教科书补助标准。

（三）以后年度，根据义务教育发展过程中出现的新情况和新问题，适时完善城乡义务教育经费保障机制相关政策措施。

高校、军队、农垦、林场林区等所属义务教育学校经费保障机制，与所在地区同步完善，所需经费按照现行体制予以保障。

五、组织保障

（一）加强组织领导，强化统筹协调。各地区、各有关部门要高度重视，加强组织领导。省级人民政府要切实发挥省级统筹作用，制定切实可行的实施方案和省以下各级政府间的经费分担办法，完善省以下转移支付制度，加大对本行政区域内困难地区的支持。各省（区、市）要将实施方案、省以下资金分担比例和家庭经济困难寄宿生贫困面，于 2016 年 3 月底前报财政部、教育部。县级人民政府要按照义务教育"以县为主"的管理体制，落实管理主体责任。国务院有关部门要发挥职能作用，加强工作指导和协调。

（二）优化教育布局，深化教育改革。各地要结合人口流动的规律、趋势和城市发展规划，及时调整完善教育布局，将民办学校纳入本地区教育布局规划，科学合理布局义务教育学校。加快探索建立乡村小规模学校办学机制和管理办法，建设并办好寄宿制学校，慎重稳妥撤并乡村学校，努力消除城镇学校"大班额"，保障当地适龄儿童就近入学。加强义务教育民办学校管理。深化教师人事制度改革，健全城乡教师和校长交流机制，健全义务教育治理体系，加强留守儿童教育关爱。

（三）确保资金落实，强化绩效管理。各级人民政府要按照经费分担责任足额落实应承担的资金，并确保及时足额拨付到位。县级人民政府要加强县域内教育经费的统筹安排，保障规模较小学校正常运转；加强义务教育学校预算管理，细化预算编制，硬化预算执行，强化预算监督。规范义务教育学校财务管理，创新管理理念，将绩效预算贯穿经费使用管理全过程，切实提高经费使用效益。

（四）推进信息公开，强化监督检查。各级人民政府要加大信息公开力度，将义务教育经费投入情况向同级人民代表大会报告，并向社会公布，接受社会监督。各级财政、教育、价格、审计、监察等有关部门要齐抓共管，加强对义务教育经费保障机制资金使用管理、学校收费等情况的监督检查。各级教育部门要加强义务教育基础信息管理工作，确保学生学籍信息、学校基本情况、教师信息等数据真实准确。

（五）加大宣传力度，营造良好氛围。各地区、各有关部门要高度重视统一城乡义务教育经费保障机制的宣传工作，广泛利用各种宣传媒介，采取多种方式，向社会进行深入宣传，使党和政府的惠民政策家喻户晓、深入人心，确保统一城乡义务教育经费保障机制各项工作落实到位。

《国务院关于实施支持农业转移人口市民化若干财政政策的通知》

国发〔2016〕44 号

各省、自治区、直辖市人民政府，国务院各部委、各直属机构：

加快农业转移人口市民化，是推进以人为核心的新型城镇化的首要任务，是破解城乡二元结构的根本途径，是扩内需、调结构的重要抓手。根据党中央、国务院决策部署，现就实施支持农业转移人口市民化若干财政政策通知如下：

一、总体要求

全面贯彻落实党的十八大和十八届三中、四中、五中全会以及中央经济工作会议、中央城镇化工作会议、中央城市工作会议精神，深入贯彻习近平总书记系列重要讲话精神，适应、把握和引领经济发展新常态，按照"五位一体"总体布局和"四个全面"战略布局，牢固树立和贯彻落实创新、协调、绿色、开放、共享的发展理念，强化地方政府尤其是人口流入地政府的主体责任，建立健全支持农业转移人口市民化的财政政策体系，将持有居住证人口纳入基本公共服务保障范围，创造条件加快实现基本公共服务常住人口全覆盖。加大对吸纳农业转移人口地区尤其是中西部地区中小城镇的支持力度，维护进城落户农民土地承包权、宅基地使用权、集体收益分配权，支持引导其依法自愿有偿转让上述权益，促进有能力在城镇稳定就业和生活的常住人口有序实现市民化，并与城镇居民享有同等权利。

二、基本原则

创新机制、扩大覆盖。创新公共资源配置的体制机制，将持有居住证人口纳入义务教育、基本医疗、基本养老、就业服务等基本公共服务保障范围，使其逐步享受与当地户籍人口同等的基本公共服务。

精准施策、促进均衡。强化经济发达地区为农业转移人口提供与当地户籍人口同等基本公共服务的职责；综合考虑户籍人口、持有居住证人口和常住人口等因素，完善转移支付制度，确保中西部财政困难地区财力不因政策调整而减少，促进基本公共服务均等化。

强化激励、推动落户。建立中央和省级财政农业转移人口市民化奖励机制，调动地方政府推动农业转移人口市民化的积极性，有序推动有能力在城镇稳定就业和生活的农业转移人口举家进城落户。

维护权益、消除顾虑。充分尊重农民意愿和自主定居权利，依法维护进城落户农民在农村享有的既有权益，消除农民进城落户的后顾之忧。为进城落户农民在农村合法权益的流转创造条件，实现其权益的保值增值。

三、政策措施

（一）保障农业转移人口子女平等享有受教育权利。地方政府要将农业转移人口及其他常住人口随迁子女义务教育纳入公共财政保障范围，逐步完善并落实中等职业教育免学杂费和普惠性学前教育的政策。中央和省级财政部门要按在校学生人数及相关标准核定义务教育和职业教育中涉及学生政策的转移支付，统一城乡义务教育经费保障机制，实现"两免一补"资金和生均公用经费基准定额资金随学生流动可携带，落实好中等职业教育国家助学政策。

（二）支持创新城乡基本医疗保险管理制度。加快落实医疗保险关系转移接续办法和异地就医结算办法，整合城乡居民基本医疗保险制度，加快实施统一的城乡医疗救助制度。对于居住证持有人选择参加城镇居民医保的，个人按城镇居民相同标准缴费，各级财政按照参保城镇居民相同标准给予补助，避免重复参保、重复补助。加快实现基本医疗保险参保人跨制度、跨地区转移接续。

（三）支持完善统筹城乡的社会保障体系。加快实施统一规范的城乡社会保障制度，中央和省级财政部门要配合人力资源社会保障等有关部门做好将持有居住证人口纳入城镇社会保障体系和城乡社会保障制度衔接等工作。

（四）加大对农业转移人口就业的支持力度。中央和省级财政部门在安排就业专项资金时，要充分考虑农业转移人口就业问题，将城镇常住人口和城镇新增就业人数作为分配因素，并赋予适当权重。县级财政部门要统筹上级转移支付和自有财力，支持进城落户农业转移人口中的失业人员进行失业登记，并享受职业指导、介绍、培训及技能鉴定等公共就业服务和扶持政策。

（五）建立农业转移人口市民化奖励机制。中央财政建立农业转移人口市民化奖励机制，奖励资金根据农业转移人口实际进城落户以及地方提供基本公共服务情况，并适当考虑农业转移人口流动、城市规模等因素进行测算分配，向吸纳跨省（区、市）流动农业转移人口较多地区和中西部中小城镇倾斜。省级财政要安排资金，建立省（区、市）对下农业转移人口市民化奖励机制。县级财政部门要将上级奖励资金统筹用于提供基本公共服务。

（六）均衡性转移支付适当考虑为持有居住证人口提供基本公共服务增支因素。中央财政在根据户籍人口测算分配均衡性转移支付的基础上，充分考虑各地区向持有居住证人口提供基本公共服务的支出需求，并根据基本公共服务水平提高和规模增长情况进行动态调整，确保对中西部财政困难地区转移支付规模和力度不减。省级财政要参照中央做法，在对下分配均衡性转移支付资金时考虑为持有居住证人口提供基本公共服务等增支因素，增强县级政府财政保障能力，鼓励中西部地区农业转移人口就近城镇化。

（七）县级基本财力保障机制考虑持有居住证人口因素。完善县级基本财力保障机制奖补资金分配办法，中央和省级财政在测算县级相关民生支出时，要适当考虑持有居住证人口因素，加强对吸纳农业转移人口较多且民生支出缺口较大的中西部县级政府的财力保障。县级政府要统筹用好资金，切实将农业转移人口纳入基本公共服务保障范围，使农业转移人口与当地户籍人口享受同等基本公共服务。

（八）支持提升城市功能，增强城市承载能力。地方政府要将农业转移人口市民化工作纳入本地区经济社会发展规划、城乡规划和城市基础设施建设规划。要多渠道筹集建设资金，通过发行地方政府债券等多种方式拓宽城市建设融资渠道。要推广政府和社会资本合作（PPP）模式，吸引社会资本参与城市基础设施建设和运营。按照市场配置资源和政府保障相结合的原则，鼓励农业转移人口通过市场购买或租赁住房，采取多种方式解决农业转移人口居住问题。中央财政在安排城市基础设施建设和运行维护、保障性住房等相关专项资金时，对吸纳农业转移人口较多的地区给予适当支持。

（九）维护进城落户农民土地承包权、宅基地使用权、集体收益分配权。地方政府不得强行要求进城落户农民转让在农村的土地承包权、宅基地使用权、集体收益分配权，或将其作为进城落户条件。要通过健全农村产权流转交易市场，逐步建立进城落户农民在农村的相关权益退出机制，积极引导和支持进城落户农民依法自愿有偿转让相关权益，促进相关权益的实现和维护，但现阶段要严格限定在本集体经济组织内部。要多渠道筹集资金，支持进城落户农民在城镇居住、创业、投资。

（十）加大对农业转移人口市民化的财政支持力度，并建立动态调整机制。中央和地方各级财政部门要根据不同时期农业转移人口数量规模、不同地区和城乡之间农业转移人口流动变化、大中小城市农业转移人口市民化成本差异等，对转移支付规模和结构进行动态调整。落实东部发达地区和大型、特大型城市的主体责任，引导其加大支出结构调整力度，依靠自有财力为农业转移人口提供与当地户籍人口同等的基本公共服务，中央财政根据其吸纳农业转移人口进城落户人数等因素适当给予奖励。

四、组织实施

建立健全支持农业转移人口市民化的财政政策是党中央、国务院部署的重点改革任务之一，各级政府及其财政部门要高度重视、提高认识、尽快部署、狠抓落实。

中央财政要加快调整完善相关政策，加大转移支付支持力度，建立绩效考核机制，督促地方财政部门尽快制定有关支持农业转移人口市民化的财政政策措施。

省级财政部门要按照本通知要求，结合本地区实际制定支持农业转移人口市民化的政策措施，并报财政部备案；要完善省对下转移支付制度，引导农业转移人口就近城镇化，增强省以下各级政府落实农业转移人口市民化政策的财政保障能力。

人口流入地政府尤其是东部发达地区政府要履行为农业转移人口提供基本公共服务的义务，把推动本地区新型城镇化、加快推进户籍制度改革、促进已进城农业转移人口在城镇定居落户与提供基本公共服务结合起来，通过加强预算管理，统筹使用自有财力和上级政府转移支付资金，合理安排预算，优化支出结构，切实保障农业转移人口基本公共服务需求。

二、地方政府的政策文件

《关于本市支持农业转移人口市民化的若干意见》

沪府办发〔2017〕38 号

一、总体要求

全面贯彻党的十八大和十八届三中、四中、五中、六中全会精神，深入贯彻习近平总书记系列重要讲话精神，牢固树立和贯彻落实创新、协调、绿色、开放、共享的发展理念，按照党中央、国务院关于推进新型城镇化和深化财税体制改革的部署和要求，建立健全本市支持农业转移人口市民化政策体系，将持有居住证人口纳入基本公共服务保障范围，创造条件加快实现基本公共服务常住人口全覆盖。加大对吸纳本市农业转移人口地区的支持力度，维护本市进城落户农民合法权益，促进有能力在城镇稳定就业和生活的常住人口有序实现市民化。

二、基本原则

（一）创新机制，公平共享。创新公共资源配置的体制机制，积极为农业转移人口提供基本公共服务，稳步推进义务教育、基本医疗、就业服务等基本公共服务覆盖持有本市居住证人口，不断提高城乡居民生活水平。

（二）综合施策，促进均衡。坚持综合配套改革，建立健全本市农业转移人口市民化政策体系，综合考虑本市户籍人口、持有居住证人口和常住人口等因素，优化完善财政转移支付制度，促进基本公共服务均等化。

（三）补齐短板，重点突破。全面优化城镇布局，梳理本市基础设施、公共服务、资源环境、政策体系等方面存在的薄弱环节，补齐短板，提升城镇综合承载能力。

（四）统筹兼顾，有序推进。统筹考虑超大型城市人口承载能力、就业支撑能力和公共财政保障能力，科学把握工作推进的速度、力度和节奏，加强市区之间、部门之间协调配合，积极稳妥、分类有序地推进本市农业转移人口市民化。

三、政策措施

（一）保障本市农业转移人口子女平等享有受教育权利

1. 将本市农业转移人口随迁子女义务教育纳入公共财政保障范围。对符合本市义务教育阶段学校就读条件的本市农业转移人口随迁子女，在区域范围内统筹安排其在义务教育阶段学校就读，并将本市农业转移人口随迁子女义务教育经费纳入公共财政保障范围。探索建立全市基本统一的义务教育学校建设标准、学校配置（设施设备）标准、教师队伍配置标准、教师收入标准和生均经费标准等5项标准，完善本市城乡义务教育经费保障机制。

2. 完善学前教育公共服务体系，加大学前教育投入力度。健全政府投入、社会举办者投入、家庭合理分担的学前教育多渠道投入机制，完善公办幼儿园生均公用经费财政拨款标准和普惠性民办幼儿园支持政策。

3. 落实中等职业教育免除学杂费和助学金政策。落实本市中等职业教育学生资助政策，对符合条件的本市农业转移人口随迁子女免除学费和书簿费，并发放国家助学金。

（二）支持创新城乡基本医疗保险管理制度

1. 落实异地就医结算办法。按照国家部署，加快落实异地就医结算办法，加快建设异地实时结算平台，稳步推进符合转诊条件的参保人员异地就医住院费用的结算工作。

2. 完善医疗保险关系转移接续办法。按照国家部署，加快完善医疗保险转移接续办法，及时记录更新流动人员参保信息，稳步推进跨地区流动就业人员的基本医疗保险关系转移接续工作。

3. 推进城乡基本医疗保险制度改革。实施统一规范的城乡居民基本医疗保险制度。本市居住证持有人在沪稳定就业的，按照国家和本市有关规定，参加本市职工基本医疗保险；本市居住证持有人积分达到标准分值的，其未就业配偶及 18 周岁以下同住子女等可以参加本市城乡居民基本医疗保险，个人按照城乡居民相同标准缴费，各级财政按照参保城乡居民相同标准给予补助，避免重复参保、重复补助。

4. 健全城乡医疗救助制度。实施城乡一体的医疗救助制度，减轻本市城乡困难家庭的医疗费用负担。按照国家和本市有关规定，研究逐步扩大本市医疗救助的覆盖范围。

（三）支持完善统筹城乡基本养老保险等社会保障体系

1. 完善城乡养老保险转移接续政策。实施统一规范的城乡居民养老保险制度，实现职工基本养老保险和城乡居民基本养老保险之间转移接续。鼓励符合条件的本市农业转移人口参加职工基本养老保险。按照国家部署，研究做好将持有本市居住证人口纳入基本社会保障体系等工作。

2. 实施城乡一体的社会救助制度。统一城乡居民家庭最低生活保障认定标准和救助标准，适时稳妥扩大低保救助覆盖面。对遭遇意外事件、突发重大疾病和其他特殊困难的家庭或个人，提供临时救助。

（四）加大对本市农业转移人口就业的支持力度

1. 支持本市农业转移人口中失业人员进行失业登记并享受公共就业服务。处于法定劳动年龄段内、有劳动能力，有就业要求的进城落户本市农业转移人口，失业后可到户籍或居住所在地的街道、乡镇就业服务机构进行失业登记，并可按照本市相关规定享受职业指导、职业介绍、职业培训及技能鉴定等公共就业服务和政策扶持。本市各级公共就业服务机构免费为符合条件的人员进行失业登记和提供公共就业服务。

2. 完善就业专项资金分配办法。充分考虑本市农业转移人口就业问题，将城镇常住人口和城镇新增就业人数作为分配因素，并赋予适当权重，进一步规范就业资金分配使用。

（五）支持提升城市功能，增强城市承载能力

1. 加强城市总体规划。加强本市农业转移人口市民化工作与本市城市发展相关规划的衔接，将本市农业转移人口有关情况纳入本市经济社会发展规划、城乡规划和城市基础设施建设规划。

2. 促进本市农业人口向城镇集中居住。在充分尊重农民意愿的基础上，进一步加大政策支持力度，鼓励引导农民进城进镇居住，改善农民居住和生活条件，提高本市城乡发展一体化水平。

3. 多渠道筹集建设资金。通过发行地方政府债券等多种方式拓宽城市建设融资渠道。推广政府和社会资本合作（PPP）模式，吸引社会资本参与城市基础设施建设和运营。

4. 完善本市住房市场体系。坚持"以居住为主、以市民为主、以普通商品住房为主"，构建购租并举的住房市场体系。按照市场配置资源的原则，通过市场购买或租赁住房等方式，解决本市农业转移人口居住问题。持有本市居住证人口可按照本市有关规定，申请承租公共租赁住房。

（六）维护本市进城落户农民土地承包权、宅基地使用权、集体收益分配权

1. 维护农民土地承包权、宅基地使用权。按照国家总体部署，完成本市农村承包地确权登记颁证工作，切实维护好农民承包土地的权益；争取开展宅基地使用权抵押和转让的探索试点，落实农户各项权利。

2. 健全农村产权流转交易市场。在进一步明确农村土地集体所有权的前提下，落实农民的承包经营权，放活经营权，建立以乡镇为单位的农村土地承包经营权流转市场，引导本市进城落户农民将承包经营权委托农村集体经济组织，统一发包给家庭农场、农民专业合作社等新型农业经营主体，发展农业适度规模经营。

3. 深化农村集体产权制度改革。按照"积极稳妥扎实"的要求，推进村级产权制度改革，加大镇级产权制度改革试点力度，探索农村集体资产股份占有、收益、有偿退出及抵押担保和继承等六项权能的改革，实现农村集体资产保值增值，确保农村集体经济组织和成员收益不受侵害。

（七）加大对本市农业转移人口市民化的财政支持力度

1. 完善市对区财政均衡性转移支付制度。建立市对区均衡性转移支付稳定增长机制，持续增加均衡性转移支付规模，优化完善转移支付资金分配办法，将各区常住人口、财力情况、基本公共服务保障水平等客观因素作为均衡性转移支付资金分配的重要因素，将转移支付增量资金向财力相对困难、人口导入较多的区倾斜，缩小地区间财力差异，增强各区财政保障能力，促进城乡之间教育、医疗卫生、社会保障等基本公共服务均衡发展。

2. 建立本市农业转移人口市民化奖励机制。按照中央给予本市农业转移人口市民化奖励资金 1：1 的比例，配套安排市对区农业转移人口市民化奖励资金。同时，参照中央分配办法，统筹分配中央和市级奖励资金，全部用于对本市农业转移人口流入区的奖励，调动各地区吸纳本市农业转移人口的积极性。

3. 建立支持本市农业转移人口市民化财政政策动态调整机制。根据不同时期本市农业转移人口数量规模，以及相关政策调整情况，适时调整完善市对区转移支付等财政保障政策。

四、保障措施

（一）加强组织领导。各区政府和市有关部门要高度重视，稳步推进本市农业转移人口市民化工作，细化工作方案，优化政策组合，加强协同配合，形成工作合力。

（二）强化责任落实。市级主管部门要加快调整完善相关政策。市级财政要加大转移支付力度，优化转移支付结构，加强对本市农业转移人口流入地区的财力支持。本市农业转移人口流入地政府要加强预算管理，统筹使用资金，合理安排预算，优化支出结构，切实保障本市农业转移人口基本公共服务需求。

（三）完善配套制度。深化户籍制度改革，全面落实居住证制度，加强本市农业转移人口信息统计工作，掌握本市农业转移人口动态信息，为本市农业转移人口市民化提供基本数据保障。

（四）强化督查评估。市相关主管部门要加强对各区开展本市农业转移人口市民化工作的督促检查，适时评估政策效果，动态调整相关政策。

本意见自 2017 年 5 月 1 日起施行，有效期至 2022 年 4 月 30 日。

上海市财政局

上海市发展和改革委员会

上海市农业委员会

上海市教育委员会

上海市人力资源和社会保障局

2017 年 4 月 20 日

《广东省人民政府办公厅
关于印发广东省推动非户籍人口在城市落户实施方案的通知》

粤府办〔2017〕24 号

一、总体要求

按照"五位一体"总体布局和"四个全面"战略布局，牢固树立和贯彻落实创新、协调、绿色、开放、共享的发展理念，以人的城镇化为核心，以理念创新为先导，以体制机制改革为动力，紧紧围绕工作目标，深化户籍制度改革，加速破除省内城乡区域间户籍迁移壁垒，加快完善财政、土地、社保等配套政策，积极有序推进非户籍人口在城市落户。"十三五"期间，全省努力实现 1300 万左右非户籍人口在城市落户，户籍人口城镇化率年均提高 1 个百分点以上。到 2020 年，全省户籍人口城镇化率提高到 50% 以上，户籍人口城镇化率与常住人口城镇化率差距较 2013 年缩小 2 个百分点以上。

二、进一步拓宽落户通道

（一）全面放开放宽重点群体落户限制。除广州、深圳市外，全面放宽农业转移人口落户条件。以农村学生升学和参军进入城镇的人口、在城镇就业居住 5 年以上和举家迁徙的农业转移人口以及新生代农民工为重点，促进有能力在城镇稳定就业和生活的农业转移人口举家进城落户。各市要全面放开对高校毕业生、技术工人、职业院校毕业生和留学归国人员的落户限制，全面实行农村籍高校学生来去自由的落户政策，高校录取的农村籍学生可根据本人意愿，将户口迁至高校所在地，毕业后可根据本人意愿，将户口迁回原籍地或迁入就（创）业地。（省公安厅牵头）

（二）调整完善超大城市和特大城市落户政策。广州、深圳市可以具有合法稳定就业和合法稳定住所（含租赁）、参加城镇社会保险年限、连续居住年限等为主要依据，区分城市主城区、郊区、新区等区域，重点解决符合条件的普通劳动者落户问题。户籍人口与非户籍人口比重低于 1∶1 的城市，要进一步放宽外来人口落户指标控制，加快提高户籍人口城镇化率。（省公安厅牵头）

（三）调整完善大中城市落户政策。省内大中城市均不得采取购买房屋、投资纳税等方式设置落户限制。城区常住人口 300 万以下的城市不得采取积分落户方式。省内大城市的落户条件中，对参加城镇社会保险的年限要求不得超过 5 年，其他城市不得超过 3 年。（省公安厅牵头）

三、制定实施配套政策

（四）加大对农业转移人口市民化的财政支持力度并建立动态调整机制。根据不同时期农业转移人口数量规模、不同地区和城乡之间农业人口流动变化、大中小城市农业转移人口市民化成本差异等，并充分考虑各地区向持有居住证人口提供基本公共服务的支出需求，对省级财政转移支付规模、结构进行动态调整。落实珠三角发达地区和大城市、超大城市的主体责任，引导其加大支出结构调整力度，依靠自有财力为农业转移人口提供与当地户籍人口同等的基本公共服务，省级财政根据其吸纳农业转移人口进城落户人数等因素适当给予奖励。（省财政厅牵头）

（五）探索建立财政性建设资金对吸纳农业转移人口较多城市基础设施投资的补助机制。探索研究实施省级财政预算安排向吸纳农业转移人口落户数量较多城镇倾斜的政策。省级财政在安排城市基础设施建设和运行维护、保障性住房等相关专项资金时，对吸纳农业转移人口较多的地区给予适当支持。鼓励各地级以上市实施相应配套政策。（省财政厅牵头，省住房城乡建设厅、发展改革委等单位参与）

（六）建立城镇建设用地增加规模与吸纳农业转移人口落户数量挂钩机制。按照以人定地、人地和谐的原则，实施城镇建设用地增加规模与吸纳农业转移人口落户数量挂钩政策。按照超大城市、特大城市、大中小城市和小城镇协调发展的要求，实施差别化进城落户人口城镇新增建设用地指标。在各级土地利用总体规划、城乡规划编制和修订时，充分考虑进城落户人口数量和流向，科学测算和合理安排城镇新增建设用地规模。依据土地利用总体规划和上一年度进城落户人口数量，合理安排城镇新增建设用地计划指标。各县（市、区）要按照方便进城落户人口生产生活的要求，统筹考虑各类各业建设用地供应，优先保障住房特别是落户人口的保障房，以及教育、医疗、养老、就业等民生设施建设用地。深入推进"三旧"改造工作，规范开展城乡建设用地增减挂钩，有效盘活存量建设用地，保障进城落户人口用地需求。（省国土资源厅、住房城乡建设厅牵头，省发展改革委、公安厅、人力资源社会保障厅等单位参与）

（七）完善城市基础设施项目融资制度。健全企业债券信息披露、信用评级、发行管理等方面制度安排。（省发展改革委、省金融办、广东证监局按职责分工负责）建立健全规范的地方政府举债融资机制，支持城市基础设施建设。（省财政厅牵头）采取有效措施推进城市公共服务领域和基础设施领域采用政府和社会资本合作（PPP）模式融资。（省财政厅、省发展改革委按职责分工负责）

（八）建立进城落户农民"三权"维护和自愿有偿退出机制。加快推进农村集体产权制度改革，确保如期完成土地承包权、宅基地使用权确权登记颁证，积极推进农村集体资产确权到户和股份合作制改革，不得强行要求进城落户农民退出其在农村的土地承包权、宅基地使用权、集体收益分配权，或将其作为进城落户条件。建立健全农村产权流转市场体系，探索形成农户对"三权"的自愿有偿退出机制，支持和引导进城落户农民依法自愿有偿转让上述权益，但现阶段要严格限定在本集体经济组织内部。（省农业厅牵头，省委农办、省国土资源厅等单位参与）

（九）将进城落户农民完全纳入城镇住房保障体系。加快完善城镇住房保障体系，确保进城落户农民与当地城镇居民同等享有政府提供基本住房保障的权利。住房保障逐步实行实物保障与租赁补贴并举，通过市场提供房源、政府发放租赁补贴方式，支持符合条件的进城落户农民承租市场住房。推进扩大住房公积金缴存面，将农业转移人口纳入覆盖范围，鼓励个体工商户和自由职业者缴存。落实放宽住房公积金提取条件等政策，对接全国住房公积金转移接续平台，支持缴存人异地使用。（省住房城乡建设厅牵头）

（十）落实进城落户农民参加城镇基本医疗保险政策。进城落户农民在农村参加的基本医疗保险可规范接入城镇基本医疗保险。完善并落实医保关系转移接续办法和异地就医结算办法，妥善处理医保关系转移中的有关权益，加强医保关系转移接续管理服务，确保基本医保参保人能跨制度、跨统筹地区连续参保。（省人力资源社会保障厅牵头，省卫生计生委等单位参与）

（十一）落实进城落户农民参加城镇养老保险等政策。加快落实基本养老保险关系转移接续政策，推动符合条件的进城落户农民参加当地城乡居民养老保险或城镇职工养老保险，按规定享有养老保险待遇。确保进城落户农民与当地城镇居民同等享有最低生活保障的权利。（省人力资源社会保障厅、民政厅、地税局按职责分工负责）

（十二）保障进城落户农民子女平等享有受教育权利。各地要确保进城落户农民子女受教育与城镇居民同城同待遇。根据国家要求，加快完善省级中小学生学籍信息管理系统，加快实现省级中小学生学籍信息管理系统与省级

户籍人口信息管理系统数据对接，为进城落户居民子女转学升学提供便利。（省教育厅牵头，省公安厅等单位参与）

（十三）推进居住证制度覆盖全部未落户城镇常住人口。切实保障居住证持有人享有国家规定的各项基本公共服务和办事便利。各地可根据实际不断扩大公共服务范围并提高服务标准，缩小居住证持有人与户籍人口享有的基本公共服务的差距；要根据《居住证暂行条例》和省的有关要求，加快制定实施具体管理办法。（省公安厅牵头，省财政厅等单位参与）

四、强化工作保障措施

（十四）加强组织领导。省政府建立由常务副省长任召集人，省公安厅牵头负责的协调机制，视情召开会议研究推进有关工作。各地、各单位要高度重视非户籍人口在城市落户工作，确保各项措施落地见效。各地级以上市政府是此项工作的实施主体，要根据实际统筹制定本地区落户实施办法，明确主要对象、目标任务、责任分工、相关政策和实施进度等，经征求省发展改革委、公安厅等单位意见后，于2017年7月底前印发实施，报省政府备案。省牵头单位要根据国家和省的决策部署，抓紧制定完善配套政策，加强对各地相关工作的指导和支持；各项配套政策应于2017年底前出台实施，贯彻落实情况于每年12月底前报告省政府。（各地级以上市政府、省有关单位按职责分工负责）

（十五）健全落户统计体系。根据全国统一的常住人口城镇化率和户籍人口城镇化率统计指标，加快建立健全省级人口统计体系，准确快捷反映各地区两个指标变动状况，并列入全省和各地区统计公报。（省统计局牵头，省发展改革委、住房城乡建设厅、公安厅等单位参与）

（十六）加强督查评估。将各地区推动非户籍人口在城市落户情况和省级有关配套政策实施情况纳入省政府督查工作范围，每年由省公安厅、发展改革委牵头组织开展一次专项督查评估，并及时向社会公布有关情况。其中，2018年进行中期督查评估，2020年进行总结评估。省有关单位要采取自我评估和第三方评估相结合的方式，对相关配套政策实施情况进行跟踪分析，动态调整完善，强化实施效果。（省公安厅、发展改革委牵头，省有关单位按职责分工负责）

（十七）强化审计监督。将非户籍人口在城市落户情况和相关配套政策实施情况纳入省重大政策措施落实情况跟踪审计范围，将审计结果整改情况作为有关单位考核、任免、奖惩领导干部的重要依据。（省审计厅牵头）

第二章　农民工子女教育发展的
理论建构

与我国的"农民工子女"研究相比，西方发达国家学者用"流动人口子女"这个概念来考察流动人口的迁移问题。其流动人口的概念包括我国农民工子女，还包括跨国移民问题。发达国家在 20 世纪也历经了城镇化的发展以及人口从农村向城市迁徙的问题。近几十年欧美在移民问题上也遇到相似的问题，即如何确保多元文化的和谐发展，以及城市在新人口涌入后对教育的保障。基于此问题，哲学、社会学、心理学、管理学和教育学等各个领域的学者都从不同的视角研究，并且产生了不同的理论。我国的学者在分析和解决国内农民工子女的教育问题上使用了这些不同的理论来指导我国的农民工子女教育问题的发展。

第一节　社会生态系统理论

社会生态系统理论起源于社会学界，用以考察人类行为与社会环境的交互关系，代表人物为尤里·布朗芬布伦纳。社会生态系统理论强调人的发展取决于遗传和存在于环境中的与人的活动相互作用的许多系统的联动与协同。社会生态系统理论从生态系统视角出发，把农民工子女的教育问题置于其生活的社会环境，如家庭、学校、社区、政策等，将其看作是一种社会性的生态系统。该理论强调生态环境对于理解和分析农民工子女教育的重要性，在此基础上，进行对农民工子女个人系统、家庭系统、学校系统以及制度与政策系统的基本特征及互动状况的研究。社会生态系统分为三种基本类型：微观系统、中观系统和宏观系统。微观系统是指处在社会生态环境中的看似单个的个人，个人既是一种生物的社会系统类型，又是一种社会的和心理的社会系统类型。中观系统是指小规模的群体，包括家庭、职业群体或其他社会群体。宏观系统则是指比小规模群体更大一些的社会系统，包括文化、社区、机构和组织。人的生存环境的微观、中观和宏观系统总是处于相互影响和相互作用的情境中。社会生态系统理论主张人类发展是正在成长中的个人与环境交流的结果，相互调和性是一种个人与环境间互惠性历程的结果，指的是由一个适应性良好的个人在一个具有滋养型的环境中相互交流而获得的。在个人与环境的交流过程中，个人与环境相互影响和反应以达到最佳的调和度。社会生态系统理论认为适应良好是由于天时、地利、人和的成功交流，而适应不良是由于个人的需求与环境所提供的资源、支持之间无法搭配调和。

（一）宏观系统

宏观系统下国家的户籍制度、教育制度与政策的限制是造成农民工子女教育边缘化的主要原因，国家的制度与政策决定了一个社会的价值观，它渗透在社会的方方面面。由于我国现行的户籍管理制度和城乡二元教育体制致使大部分农民工子女无法进入公立学校就读，所以他们只能选择进入打工子弟学校，而国家对农民工子女实行的教育政策直接影响了打工子弟学校的教育资源与教育质量。国家对待农民工子女的教育政策以及严苛的户籍制度在宏观上造成了农民工子女教育的边缘化，以"两为主"政策为例，虽然规定农民工子女以进入公立学校就读为主，但是由于这类学校的就学门槛过高，大多数的农民工子女依旧选择进入打工子弟学校。

由于跟随农民工父母来到城市的子女没有城市户口，而流入地政府出于教育资源的考虑往往把这些孩子接受义务教育的责任推到他们的户口所在地，所以想要进入城市的公立学校读书非常困难。公立学校有严格的计划招生名额，对于没有城市户口的孩子更是有着多重限制条件，目前很多公立学校借读的必备条件是要求有"五证"，所谓"五证"包括父母或其他法定监护人在流入地的暂住证、在流入地实际住所居住证明、在流入地的务工就业证明、户口所在地乡镇政府出具的在当地没有监护条件的证明以及全家户口簿。在这五证都具备的条件下，农民工女子才可以申请公立学校，部分家庭还需要按照学校规定缴纳名目烦琐的赞助费。即使进入了公立学校读完初中之后，受户籍制度的影响，农民工子女依旧要回户口所在地读高中。这些入学程序上的繁杂和经济上的高支出实际上将大部分农民工子女都排斥在了城市的正规教育体系之外。

城市的公立学校接纳农民工子女的门槛之高，让众多农民工望而却步，高额的借读费和赞助费以及烦琐的入学程序让这些父母只能选择将自己的子女送进打工子弟学校。而严苛的高考制度更将这群孩子排斥在外，没有城市户口的他们只能选择回原籍参加高考，这就意味着在城市读完初中的他们必须选择回老家读高中，导致了一部分农民工子女直接放弃高考，放弃继续深造的机会，初中毕业后选择读中专或是直接参加工作，造成了城市人才的流失。而国家对公立学校教育资源的政策支持倾斜度较高，打工子弟学校所享受的教育资源相对较少，教育资源的匮乏势必会影响学校的教学质量，进而影响农民工子女的学习质量。

（二）中观系统

社会生态系统理论强调，人类生存环境的微观、中观和宏观三个系统总是处于相互影响和相互作用的情境中。农民工子女的教育边缘化困境也必然受到学校系统与家庭系统的影响，而家庭与学校系统同时和制度与政策系统发生作用。农民工子女的教育边缘化困境就是在这三个系统持续不断的相互影响下形成的。而学校教育系统与家庭教育系统作为与农民工子女面临的教育困境联系最紧密的系统，它们在教育上的欠缺直接造成了农民工子女教育的边缘化。

（三）学校教育系统

打工子弟学校是中国转型时期不合理的教育体制下的一个特殊产物，它不是国家体制下正规的教育体制，既不属于农村教育体系，也不属于城市教育体系。在得到政府的审批也就是在拿到办学许可证之前，政府是不承认这些学校的，也不会提供给其相应的政策与资金支持，但是这类学校很受农民工家庭的推崇，因此这类学校的存在不合法却合理。

打工子弟学校受宏观制度政策的排斥无法享受政府的财政支持，学校的生存与发展主要靠学生们的学杂费，少部分来自社会各界的资助。不充足的资金只能够维持学校的正常运转，因此，其在硬件设备以及师资队伍上根本无法与公立学校相比较。打工子弟学校其实在建校之初就由于受国家体制的

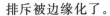

排斥被边缘化了。

1. 教师群体

优秀雄厚的教师队伍是学生拥有良好成绩的有力支撑，师资力量可以反映一个学校整体的教学水平。教师作为整个学校教育系统中最重要的系统组成部分之一，一旦出现问题将影响整个学校系统的正常运作。据调查，打工子弟学校的教师在学历、职称和待遇等方面都没有公立学校教师高，这些因素使打工子弟学校教师远离了体制内的公立学校教师群体，而教师群体的被排斥直接影响了整个学校教育系统，从而进一步影响了农民工子女的教育质量，加深了其边缘化困境。

打工子弟学校受限于"自给自足"的发展模式，教师的工资来源都是学生的学费。打工子弟学校的教师工资与公立学校教师相比较低，他们虽然学历较低，但是对学生的付出并不比公立学校的教师少，因而在谈到工资待遇的问题时，教师普遍表示与公立学校的待遇相比还是有很大的心理落差。而较低的工资待遇与较高的心理落差导致年轻教师的流动性很大，而教师的流动也在一定程度上反映了他们对现状的不满。

打工子弟学校的教师缺少培训也无编制。身为教师，最主要的任务就是教书育人，而教师本身应该全面深入地掌握自己所教授的课程知识，不断更新知识，完善自己的知识结构，这就需要正规的培训来提升自己的教学能力。公立学校的教师培训制度相对正规完善，但是对打工子弟学校的老师来说，这样的培训机会却极其匮乏，这使打工子弟学校的教师的知识系统无法实现快速更新与整合，势必影响教学质量。

打工子弟学校教师缺少培训是一个问题，除此之外，这些教师还面临着另一个严峻的问题，就是无法参与职称评定，无法享有教师编制。公立学校教师的编制属于全额拨款事业单位编制，有编制的教师享受"五险一金"的待遇，包括医疗保险、住房公积金等，还可以享受各种津贴、福利和奖金，部分地区还享有绩效工资。此外，有编制的教师几乎不会失业，因为是属于国家工作人员，俗称"铁饭碗"，只要不犯错误基本不会离岗。而打工子弟学校的教师没有编制，只拿学校发放的低微的基本工资和福利，也很少有学习和发展的机会。对教师来说，编制也是一个身份的象征，每一个教师都渴望得到身份上的认同，但是在打工子弟学校的这些教师却被排斥在了体制之外，

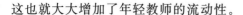

这也就大大增加了年轻教师的流动性。

2. 家庭教育模式

家长的教育理念和态度对其子女的影响是很明显的，在城市中的农民工大多数来自农村，子女数量较多，封建思想犹存，这些家长普遍存在重男轻女、不重视孩子的教育等问题，这些陈旧的思想观念对子女接受教育的程度、水平和质量等方面都具有重大的制约性。一部分家长受自身文化水平的限制，根本没有意识到教育对子女成长与发展的重要性，对子女的学习从不过问，也正是这种思想导致他们的子女学习成绩不理想，甚至早早辍学回家务工。在与S学校的几位老师的访谈过程中我们还发现，一些家长甚至觉得孩子初中毕业后上中专或者直接务工就可以了，这些不重视孩子教育的思想其实也是导致这些农民工子女教育被边缘化的原因之一。

农民工在城市中属于文化程度较低的阶层，主要以初中文化程度为主。他们处于社会的底层，终日为生计奔波而疏忽对子女的教育，和子女也缺乏一定的沟通，只能放任其自由成长。在家庭教育方面，家长自身文化程度较低，导致他们对子女的教育能力相对较差，当子女在做家庭作业遇到难理解或者不会做的问题时，农民工家长不能很好地对子女进行课业上的辅导。有的家长的文化水平甚至不如子女，无法辅导；有的家长水平有限，只能辅导一点儿，还有的家长因为生意或者工作繁忙而顾不上辅导。

农民工进城打工大部分都从事着"脏、险、累"的低收入职业，但是城市的花销非常大，较低的经济收入需要维持整个家庭的衣食住行，孩子教育所需的费用对他们来说是一个相对较大的经济负担，入不敷出的经济状况也就使农民工子女的教育缺乏了必要的物质保证。在孩子的教育支出中，学费是最基本的，其次在家庭经济状况允许的条件下，还可以给孩子多买一些课外书或者报名参加一些兴趣班，培养孩子的综合能力。但是我们通过访谈得知，个别农民工子女连最基本的学费都需要分开交，一小部分家长一时无法拿出那么多钱给孩子交学费，只能先交一部分，剩下的再补交，根本没有多余的钱给孩子买课外书，更不用说参加兴趣班了。

社会生态系统理论认为，系统之间若缺乏有效的交互作用，就难以实现系统之间的能量交流转换，系统就会处于封闭的静止状态，无法实现跃迁与发展。城市社会的歧视与偏见和因流动农民工自身的社会网络而产生一种

"自愿性隔离"和"反移民化"现象，导致农民工固守传统的价值观念，社会交往日趋封闭。另外，城市化进程作为一股不可逆转的潮流，消解了传统乡土社会的支持网络。农民工子女的社会支持主要来自内部系统的家人、老乡、亲戚朋友、社区邻里和同辈群体，他们为农民工子女提供亲密的面对面交往和情感支持。然而由于父母的职业多为家政服务业、建筑业等低收入行业，家庭收入不高，经济地位和社会地位较低，直接影响农民工子女的社会支持网络的构建与拓展。在非正式支持网络供给不足，家庭与学校系统互动不良的情况下，农民工子女的心理问题得不到排解，他们很容易产生情感疏离，进一步增加了融入社会的难度。

因此，该理论强调家庭、学校和社区的结合是改善农民工子女社会融合教育问题的有力保障。社会生态系统理论鼓励弱势群体多元化社会支持体系的构建，主张建立"家庭—学校"联动互动体系，针对农民工子女的学习、心理和行为状况进行动态交流，及时掌握有效信息，以缓解由农民工的文化程度、职业状况以及家庭的地理环境等主客观因素对子女造成的社会融入困难，构建和谐共生的社区生活环境和多元有效的社会支持体系。

第二节　全纳教育理论

全纳教育，也被称为融合教育，此概念于 1994 年首次在国际会议上被提出。会议详细地阐述了全纳教育的五大基本原则：第一个原则是每个儿童都有平等受教育的基本权利；第二个原则是每个儿童都具有各自不同的兴趣、特性、能力以及各种各样的学习需求，他们都是不同的个体；第三个原则是任何一所学校都必须关注学生的这些不同特性与他们在需求方面存在的差异；第四个原则是任何一所学校都应该接纳所有的学生，并要按照他们的不同特性、不同兴趣和能力以及不同的需求提供给他们不同的教育；第五个原则是学校所提供的教育应该是一种有效的教育，这种教育以反对排斥和歧视学生为主旨。

2005 年联合国教科文组织发布了研究报告——《全纳教育指南：确保全民教育的通路》。在此报告中，全纳教育被定义为一种涉及教育途径、教育结构、教育内容和教育战略的变革和调整。全纳教育以保护所有适龄儿童的教育权利为理念，以负责对所有儿童提供教育为信念，是通过增加学习机会、文化教育和社区参与，尽量降低教育系统内外的排斥，对所有学习者的多样化需求做出反应的教育过程。美国的全国全纳教育重建中心对全纳教育下的定义是：全纳教育向所有学生，包括严重残疾的学生，提供均等的、公平的、接受有效教育的机会；全纳教育要充分地帮助和支持所有的学生能在就近的学校中的适龄班级中获得有效教育，目的是为了培养他们将来能够成为社会的正式成员。英国的全纳教育研究中心对全纳教育所下的定义是：全纳教育是指在适当的情况下帮助和支持青少年，包括所有残疾和非残疾儿童，能够在各级普通学校中共同学习。

综合上述国际教育组织对全纳教育所下的定义我们发现，全纳教育的概念在不断地发展和完善。最初，全纳教育的定义只是指出针对的对象，然后开始在定义中加入要采取的具体措施和要实现的具体目标，最终从要实现儿童的全纳教育扩展为实现全纳社会，即帮助所有青少年接受无差别的教育以利于他们将来走向社会、面对社会的理念。

教育学理论界也对全纳教育进行了概念的表述。Smith Polloway 与 Dowdy 认为全纳教育以所有的特殊儿童都有与同龄儿童共同在自然的、正常的教育环境中生活与学习的权利为前提，它是一种价值倾向，强调给予所有学生平等参与学校活动的机会和权利。苏珊与威廉认为全纳教育就是在普通学校和普通班级里给所有的学生提供教育；Salend 认为全纳教育是一种运动，它的发起者包括家长、教育者及社区工作者，最终想要创设的是以接纳和归属为理念的学校。

中国教育学者黄志诚对全纳教育的研究比较深入，他认为全纳教育是一种持续的过程，全纳教育强调接纳所有的学生，反对任何歧视和排斥，促进所有学生对教育过程的积极参与，注重集体合作，强调教育要能够满足学生的不同需求。如前所述，全纳教育是针对所有学生展开的没有任何歧视和排斥、完全公平化的教育，包括教育资源公平化、学生身份地位平等化及教育机会公平化，它对政府、社会、学校与教师以及家庭提出了承担义务教育相关责任的要求。具体地说，全纳教育理论在实践中体现为在教育过程中必须遵从五个原则：一是人权观，即学校和社会应创造全纳的氛围，欢迎每一个人，普通学校应接纳所有的学生。二是平等观，即学校应平等地对待每一个学生，关注每一个学生的发展，满足他们的不同需求，不应歧视或排斥任何人。这种平等观，并不是要追求绝对的平等，而是强调教育不能只关注一部分学生，对于那些被排斥的学生应该给予更多的关注。三是民主观，即在学校里，每一个学生都应积极地参与学校的活动，主动适应学校与社会。四是价值观，即强调教师之间、学生之间、教师与学生之间、教师与家长之间、家长与学生之间甚至教师与社区之间的合作。五是教学观，即课程应该为适应学生的需要而设立，同时在学生遇到学习困难时给予及时的帮助和支持，及时赞赏和鼓励取得成绩和进步的学生。学校应该向具有不同能力和兴趣的学生提供学习各种课程的机会，使教学方式多样化。因此，全纳教育理论的实质是保障所有受教育的对象包括农民工子女等弱势群体接受平等的教育，这一理论对实现教育公平和构建和谐社会具有非常积极的作用。

综合来看，全纳教育理论对于解决农民工子女的义务教育问题具有指导作用，而运用全纳教育理念来解决农民工子女义务教育问题则是全纳教育理论的重要实践，对于丰富全纳教育理论有重要意义。全纳教育理念自从 20 世纪 90 年代被提出后，就受到了广泛关注，得到了快速发展，其关注的研究对象也从残疾儿童扩展为更广范围的弱势儿童群体。"让学校为全体儿童服务""以人为本""没有排斥、没有歧视、没有分类"是全纳教育的核心思想，即教育应当反对歧视排斥，应该覆盖社会中的所有儿童，不应该受到儿童身体、智力或其他方面缺陷的限制，而应该尽可能地为全体儿童提供他们真正所需要的教育，满足他们的不同需求。

"农民工子女全纳教育"是指为义务教育阶段的农民工子女提供非隔离的教学环境，促使其与城市儿童共同学习，接受高质量的教育，达到真正的教育融合。本书中的"全纳教育"不同于针对身体残疾的特殊儿童的融合教育，而是将研究对象范围扩展到我国的农民工子女群体，并重点关注目前已经融入城市公立学校的儿童。

近年来英美等国家开始关注移民流动儿童的全纳教育质量，并对儿童的学业发展进行长期的跟踪研究，探究影响其学业的相关因素。研究表明，教师的专业素养、学校系统支持及家校合作等因素显著影响了教师实施全纳教育的质量，进而影响儿童的学业发展和社会融合的水平。研究还表明，教师对待全纳教育的态度和实践存在差异，尽管他们在态度上接受全纳教育，但在具体的实践操作层面专业素养欠缺。

改革开放以来，越来越多的农民工从农村向城市转移，但是地域的转移与身份和权利的转移并不同步，农民工的身份导致了其随迁子女或留守子女受教育的不公平与困难。农民工及其子女享受不到与城市居民同等的待遇，尤其是农民工子女的公平受教育的权利得不到保障，这引起了各级政府及社会各界的极大重视。用全纳教育的理念对农民工子女义务教育问题进行分析与指导，有利于运用"以人为本"的基本原则，让所有学生都能享有同等的公平的教育资源与教育权利，有利于推动农民工子女义务教育的良性发展。全纳教育接受所有学生且对任何学生都不排斥的教育思想能够为农民工子女义务教育的健康发展提供正确的指导思想和理论依据。

柯尔曼（1988）论证了儿童的高流动率与辍学率的变动方向相同，Sandra Paik（1987）也提出儿童的频繁流动不但对学习产生了不利影响，而且也影响了学校的教学管理，当流动儿童家境贫困时，他们的学习状况更糟。根据全纳教育的理论，欧美学者研究了弱势儿童与普通儿童之间的相互融合，并主要研究了如何让普通儿童有效接纳弱势儿童的对策。艾伦的观点是运用全纳教育的理念，可以促进流动儿童与普通儿童的交流、沟通，促进他们的学校融入，甚至是将来的社会融入。Amanda Keddie 的研究强调了有色人种在融入白人学校的过程中，学校领导和民族特色起到了关键的作用。国内学者运用全纳教育理论对农民工子女教育不公平问题进行研究的时间不长，研究的内容也不丰富。尚细顺（2009）提出针对城市农民工子女的体育全纳教育理念与措施。廖艳（2013）主张"树立起全纳教育理念，建立全纳学校，开展融合式教学，消除教育歧视，反对教育排斥，实现教育平等"。冯伟民（2011）提出"要以学校教育为依托，努力营造良好的学校环境、家庭环境和社区教育环境，积极构建全纳教育的课程体系"。

第三节　新公共行政理论

新公共行政理论的提出在公共行政发展历程中具有突出地位。20 世纪六七十年代，美国社会混沌杂乱，动荡不安，由于利益集团以及公民的利益诉求得不到满足，他们开始质疑传统公共行政，对传统经典范式提出挑战。公民和学者深切地感受到社会中出现的各种问题，特别是人们在机会、资格和权利方面的不公平、不正义，催化加速了人们对于传统公共行政对经济和效率的追求和脱离实际政策实施的矛盾的反思。新公共行政学理论和学者更加倡导公共行政的"公共性"，更加强调以政策公平和程序正义为核心，兼具民主、回应和参与的公共行政价值体系；新公共行政更要关注公共利益的输出和分配，更要重视政策对于少数族群和弱势群体利益的倾斜。新公共行政学主张政府公务员以其专业知识对公共行政进行事务性的价值衡量，使价值的导向作用更具"公共性"，并且由于其对新公共行政内涵的深刻理解，新公共行政学成为新价值体系的推动者和倡导者。

　　新公共行政学的发展以三次明诺布鲁克会议所讨论的主要问题为主线。第一次明诺布鲁克会议由沃尔多牵头，于 1968 年在锡拉丘兹大学明诺布鲁克会议中心举行，会议主要讨论了当时美国动荡不安的社会环境、横向发生的国际事件的评价以及对于传统公共行政在复杂多变、世易时移的境遇下凸显出的滞后和呆板等问题，并有沃尔多的《动荡时代下的公共行政》、弗雷德里克森的《新公共行政》等著作成就。第二次明诺布鲁克会议于 1988 年在雪城大学明诺布鲁克会议中心召开，本次会议议题仍然秉承第一次会议中倡导社会公平和社会公正的核心价值，但是更加主张用和谐的方式去促进"公共性"与公平正义的更好融合，本次会议的文献成果被刊登在《公共行政评论》和《国际公共行政》中。2008 年的第三次明诺布鲁克会议的议题是，随着全球化、信息化和矛盾化的世界演变趋势的凸显，人类共同事务和问题引起公共行政学者更多的关注，恐怖主义猖獗、全球能源危机、环境资源恶化、全球气候变暖、全球金融危机以及世界格局多极化等问题进入公共视野。此次会议以一种更加包容的态度面对新公共管理和后现代公共行政的质疑和冲击，以一种更开阔的胸怀和博大的胸襟来提供全球性的公共服务，以一种高尚的情怀和开阔的思路拥抱市场、拥抱公平正义、拥抱民主行政。

　　对社会公平正义的论述，弗雷德里克森首先从"公平"这个名词的起初含义下手。在《布莱克法律词典》中，"公平"一词指平等、友善、包容、关爱地对待他人，维持人际关系。因此，"'公平'等同于'自然权利'或'正义'"。而后弗雷德里克森又从罗尔斯正义理论体系中得到启示，主张对作为现代社会首要价值的"作为公平的正义"伸张以及正义的两个原则的贯彻。总之，新公共行政学对社会中弱势群体的支持，是在经济资源、政治资源和知识资源获取上反对机会不平等、资格不开放或利益偏倚等问题。其核心问题是要更加关注社会公平和社会正义，特别是用公平正义的制度来纠正、弥补和平衡由于其他原因而导致的不公平现象，更加强调用补偿的手段来辅助"最小受益者"。弗雷德里克森强调："在民主的社会中，公共行政人员最终要向公民负责，公共行政的精神建立在对所有公民善意的道德基础之上。公共行政除了强调'公共性'之外，更要强调'公民'在公共行政活动中的角色与重要性。唯有公共行政纳入了公民的角色，成为合格的伙伴之后，才能共同完成公共事务的管理活动。"也就是说政府及行政人员的政策和行为的目标群体或者受众是所有公民，而所有公民的道德又是公共行政精神的根基，这就既需要政府更突出制定的公共政策和提供的公共服务的"公共性"，使社会公平和社会公正有发育的土壤，又需要乐善好施和爱读书爱学习的公民在"善"与"美"的伦理价值基座上乐观积极地参与到政策制定中，参与到监督公共政策的执行活动中，积极地回应或者反馈政府政策执行的效果。我们要构建一种关系，使政府与公民成为一种合作伙伴关系，甚至一种朋友关系，使政府公职人员的角色和作为公民的个人的角色真正地凸显出来，这才是实现符合传统公共行政经济和效率价值的基础，也是新公共行政更加注重社会公平和社会正义实现的必要条件。这样看，创造社会美好价值的基础，无论在理论上还是实践上，都需要将公共行政的主体范围从传统的政府公职人员扩大到社会中每个作为个体的公民，更加注重作为个体公民的参与，尤其是在角色上要专注投入，营造更和谐、更融洽的公共行政、公共性和公民的关系的氛围。所以，新公共行政学更加主张提升公民的参与责任，这样才能体现出公共行政、公共性和公民之间和谐的关系。而要达到如此文明秩序的关系，不仅需要受过良好教育和具备娴熟业务能力的公务员，而且也需要掌握法律、严守道德、关怀他人、诚信友善地积极参与到公共行政决策的制定和监管执行的过程中的作为个体的公民，即具备"公共精神"的公民。

为了更严谨地研究公民精神的内涵，弗雷德里克森从历史上出现过的公共行政的模式中找出了公民的公民精神与公共组织运用行政权力的组合的四种模式，分别为：高的公民精神—低的行政管理，以古雅典为代表；低的公民精神—高的行政管理，以古埃及为代表；高的公民精神—高的行政管理，以古罗马为代表；低的公民精神—低的行政管理，以现代的美国为代表。其中最理想的组合形式是以古罗马为代表的公共行政模式，古罗马公民既具备丰富的知识和美好的价值，愿意参与到公共行政政策的制定和政策执行的监督当中，行政公职人员也具备专业熟练的公共服务技术技能，并有意愿同公民共创一个和谐、友善、诚信的社会秩序。而美国是做得最差的，因为美国缺少这样一种传统：公民权利和义务需要建立在提倡友好情谊的社会成员关系和社会运行机器的价值基础上，每个个体的公民都愿同大家一道参与国家社会的重大管理活动。相反，美国的"作为个体的公民"既不甘愿以友善团结的目的来参与公共事务管理，也不想关注作为个体的公民权利的完整性和系统性，他们对国家与社会没有责任感，极易产生"事不关己"的极端个人主义思想。所以更加不会有人去积极主动乐观地了解政府政策制定和政策执行的输出的优劣。另外，政府缺乏以耐心、善良的回答满足人民的多样繁复的利益诉求，徒增公共问题不断身陷囹圄的概率。因此，弗雷德里克森更主张强调具备高"公共精神"的政府官员和公民以及善良、诚信、关怀的政府精神这种双管齐下、两翼齐飞的发展模式。

变革求新是公共行政学最凸显也是最需要的价值之一，这是因为美国自 20 世纪 60 年代以来，动荡不安的社会环境以及各种新生的社会矛盾和公民需求，不可避免地把"组织变革"推向高潮；与此同时，在理论上，传统的公共行政理论以及相关的技术手段更加趋向于稳定的、静态的组织设计和发展，而这面对瞬息万变的社会发展显得捉襟见肘、囊中羞涩。因此，新公共行政学者认为，为了适应社会发展和提高政府效率和质量，应该向"变革"诉求动力。寻求"变革"的原因还在于：第一，公共服务或者公民的需求作为载体被运转在行政组织这个"大机器"上，显然这个"大机器"产出的公共服务的质量与行政组织的结构和功能密切相关。第二，传统行政管理理论所主张的经典范式的科层官僚层级制体系和制度准则在行政组织的输入和输出中仍占主导地位，这样，行政组织结构和运转的呆板、僵硬就毋庸置疑地不可避免，与朝夕更替的社会环境变换泾渭分明，因此，行政组织和运行就很难做出灵活和高效的反应。第三，传统的和现行的行政组织一方面把自身利益扩张看作是行政组织活动的主要目标，而忽视了他们的根本目的——为公民提供更优质、更高效、更满意的公共服务；另一方面，他们更注重决策和行动的效率，忽视了公民的各项基本权利，特别是在经济资源、知识资源和政治资源方面缺乏对社会弱势群体的关爱，这使公共组织违背了"民享"的初衷，背离了政府组建的轨道。

因此，新公共行政学者倡导组织结构和运行机制的变革与更新，以适应"对抗的行政参与式管理"。组织变革一方面会给社会和公民提供更经济、更有效率的公共服务，使得政府的公信力和公仆意识真正落实到政策的实施过程中；另一方面在组织变革的进程中，政府的执政能力和各个政府职能部门的专业素质能力会得到检验与测试，为更好地发挥职能部门的能力奠定基础。

随着我国转型期的不断深入和"五面一体"建设在不断完善，人们更加关注效率与公平的平衡和协调的重要性，尤其是在教育方面的建设，教育资源均等化，更加公平合理地分配教育资源受到极大关注。新公共行政学更加积极倡导社会公平和社会正义，更加强调公民参与，更加重视构建新型组织形态、重视政府制度变革，更加重视行政伦理和行政责任，更能为我国平衡教育资源、创建创新教育制度带来新的启示。在教育的受众中，农民工子女是社会中比较特殊的群体，他们的成长环境和资源基础都很特殊，从他们的历史发展状况和改革开放以来的发展情况看，其突出的特点表现在缺乏政治资源、经济资源和知识资源。他们是社会资源非常匮乏的群体之一，因此，国家的行政管理应更加倾向于满足这些特殊群体的利益诉求，更加关切和关心这些特殊群体的生活状况，并在此基础上努力塑造良好的价值观念和建立更完善的教育制度，提供更加切实的公共服务，以期实现社会公平和社会公正。

该理论指导农民工子女教育问题方面在于应用公共行政理论的内涵，特别是"倡导社会公平和社会正义""公共性""公民参与""组织结构变革"等公共行政价值对我国教育体制改革、公共教育服务均等化和全民全社会参与教育输出等具有重大理论意义和现实意义。在公共政策制定和执行过程中会更加强调"公民参与"，使政策是在民主和沟通的条件下阐述的。对公共政策的反馈和修订要更加注重"组织结构变革"，使政策的执行效果连续性、适应性和可变性更强。

第四节　可行能力理论

可行能力理论是由阿马蒂亚·森1998年出版的《以自由看待发展》一书中提出的。该理论认为，自由才是发展的首要目的，是促进发展的必不可少的手段。在以此为基础的情况下，阿马蒂亚·森提出了"可行能力"这一概念。一个人的"可行能力"是此人有可能实现的、各种可能的功能性活动的组合。可行能力理论是贯穿阿马蒂亚·森的经济伦理和经济问题研究中的核心主张，它为人类贫困和发展问题的研究提供了一种新的评价手段和方法，建立了一个更广泛的社会安排评价框架。

可行能力在某种程度上也是一种自由，是一种实质的自由。阿马蒂亚·森认为功能性活动反映了某个人认为某件事值得去做。对个体而言，有价值的事情有很多种，从最初最基本的要求到错综复杂的社会实践活动，例如参与社区生活和拥有自尊。举例来说，这些活动可以包括吃、穿、住、行等。社会上的每一个社会成员都在各种可行的活动中，遵循个人的选择标准进行最优组合搭配，如果一个人能够实现可行能力，就可以通过他的实际选择而表现出来。

阿马蒂亚·森的可行能力的核心亦是自由（即实质自由），他将其看作是扩展人们享有的真实自由的一个过程。发展是人们扩大和享受自由的过程，而自由在发展中起到两种作用，一种是建构性作用，另一种是工具性作用。建构性作用关乎在提升人们日常生活质量的时候，实质自由在其中所起的作用；而工具性作用是各种权利、权益和机会，是怎样扩展人类的一般自由，又是怎样为经济的快速发展做出卓越贡献的。

阿马蒂亚·森将工具性自由分为五种类型：①政治自由；②经济条件；③社会机会；④透明性保证；⑤防护性保障。这五种类型的自由能够帮助人们更好更自由地生活，并且提高他们在日常生活方面的可行能力。

第一，政治自由。广而言之（包括通常所称的公民权利），它指的是人们拥有由什么人来执政，按照什么样的原则来执政的权利，包括监督机构的监督、批评当局，人们的自由包括政治表达、言论不需要审核以及可以选择不同党派的自由等。同时也包括公民在民主政体下所拥有的政治权益，主要包括政治参与、坚持异议、投票权以及参与挑选立法人员和行政人员等权利。广大公民作为国家政治生活的主体，有权利依据宪法和法律，享有参加国家政治生活的自由，广大公民也同样有权利参与各种国家活动和社会活动，表达个人的政治自由和意愿。

第二，经济条件。经济条件指的是个人分别享有的为了消费、生产、交换的目的而运用其经济资源的机会。人们拥有各种经济资源，如工具、知识、劳力和土地等。我国作为发展中国家，市场机制发育并不健全。而事实证明，公共行动才是市场机制良性发展的重要措施。学校教育、土地改革、医疗保健、社会保障等公共行动被合理地分享，才能不压制市场，使市场的运作更加公平合理。

第三，社会机会。社会机会是指社会教育、医疗保健及其他方面所实行的安排，它们影响个人赖以享受更好的生活的实质自由。社会机会对广大人民享有质优的生活、避免可防治疾病和过早死亡等个人生活条件起到重要作用，同时对人们参与政治活动和经济活动也起到了不可忽视的作用。

第四，透明性保证。透明性保证所涉及的是满足人们对公开性的需要，在保证信息公开和明晰的条件下自由地交易，要求人们在平时交往的过程中要有信誉，并保证信息的公布是准确的、公开的。交易双方在谈判过程中要提供全面而准确的信息，在达成协议以后，各自要信守承诺、履行义务。如果没有了这种信用，市场机制也就无法运作。公民对政府提供的信息持全面而准确的态度，这是符合公共利益的。如果没有了这种信用，社会秩序也将呈现混乱状态。因此，透明性保证就成为个人实质自由无可取代的重要组成部分。

第五，防护性保障。防护性保障指的是提供社会安全网，以防止受到影响的人遭受痛苦，甚至在某些情况下挨饿以致死亡；为惨遭危难或其他突发性困难的人、收入在贫困线以下的人，以及年老、残疾的人，提供扶持的社会安全网；为那些需要帮助的人提供必要的生活用品，以此来改善他们的生活状况，制定临时的制度安排，构成实质自由的一部分。

以上阐述的五种工具性自由之间有着千丝万缕的联系，它们之间不同的作用以及对其他自由的具体影响是发展过程的重要方面。政治自由有助于促进经济的发展，经济的发展又能够帮助人们脱离贫困以及建设社会公共资源。同时，社会机会有利于经济参与，不同类型的自由可以相互增强。因此，工具性自由可以促进教育的发展，并最终实现农民工子女的实质自由的扩展和可行能力。

阿马蒂亚·森的可行能力理论为我们分析城市农民工子女教育公平问题提供了一个崭新的视角。在现代社会中，城市农民工子女属于弱势群体，他们之所以权益受损、陷入困境，其原因就是可行能力的严重缺失。要想获得这种能力，公民就要利用这五种工具性自由，来帮助自己摆脱各种束缚，提高个人的可行能力。为了让每位公民的实质自由得到扩展，党中央及各地政府需要为他们提供社会资源和公共服务。城市农民工子女教育的不公平主要是因为他们的可行能力被严重剥夺，我们可以通过提高他们的可行能力来改变现有的状态。

可行能力理论的提出为分析当前中国农民工子女社会融入问题，提供了一个崭新的视角和一个更为全面和深入认识农民工子女社会融入问题的新路径。在这一视角下，农民工随迁子女的社会融入作为一种"功能性活动"，需要具备一种实质性的自由才能达成。而这种实质性自由就是阿马蒂亚·森所指的可行能力。具体地说，农民工随迁子女社会融入的可行能力可理解为获取和有效利用机会、资源、政策并使之转化为促进社会融入的能力。可行能力建设是农民工子女积极融入城市社会的重要过程，也是其主动融入的重要途径。根据这一理论视角，农民工随迁子女不能融入城市社会的根本原因就在其可行能力的匮乏或被剥夺。而这种匮乏或被剥夺都属于"不自由"的范畴，是人们缺乏发展能力的表现。因此，我们聚焦于农民工子女社会融入的可行能力视角，意义就在于对农民工子女社会融入的"实质性自由"或"能力"的关注，也是对其主动性融入的强调。具体地说，基于可行能力视角对农民工子女社会融入问题进行关注的意义在于以下两点。

首先，更强调农民工随迁子女参与融入的主动性。聚焦于可行能力的首要意义在于强调农民工随迁子女进行主动参与社会融入的能动性。个人作为社会行动者生存于一定的社会结构中，并在各种相互依存的情境中对社会规则和资源进行运用，在此过程中，个体作为具有能动作用的行动者，始终保有转化或建构能力的功能。因此，个体的能力和社会资源之间构成了互动的关系，"能力"既是个体获取或建构社会资源的中介，又是这种建构行为的结果。对农民工随迁子女可行能力视角的关注，就是聚焦于农民工子女作为行动者在获取或建构社会结构中促进其社会融入所需资源的过程，也是对其社会融入能力建构结果的关注，其意义就在于对农民工子女融入城市的主动性的强调，即强调一种主动融入。

其次，使农民工随迁子女的社会融入研究更具目标性。可行能力视角关注的是农民工子女能力的提升和建设，而能力的提升和建设本身就是社会发展的价值目标。在科学发展观下，发展的本质是人的发展，发展的目的也是为了人的发展。因此，对社会融入的探讨本身就是为了促进农民工随迁子女的发展。而传统的对农民工随迁子女可获得资源（如教育机会和制度环境等）

的关注都只是对其"工具"或"手段"等工具合理性的关注，只具有工具性意义，而目标性意义不够突出。在此意义下，农民工随迁子女的可行能力发展本身兼具了"工具"与"目标"性，它既是他们获取或建构社会融入所需资源的工具，也是这种社会融入行为建构的结果。因此，这一视角与传统的对融入资源或制度关注的视角相比，更加具有目标性。

第三章 1978—2000 年农民工子女教育的发展

第一节 社会发展背景

一、改革开放后中国城市化进程

城市化是人类生产与生活方式由农村型向城市型转化的过程，主要表现为农村人口和非农经济活动不断向城市集中的过程及城市不断完善的过程。在改革开放至 2000 年的这段时间内，随着农业生产力的提高、工业化的大发展和市场经济的逐步完善，中国的城市化进程进一步加快，城市化质量得到显著改善。

1949 年至改革开放前，我国的城市化进程存在明显的阶段性。1949—1957 年是城市化短暂的健康发展阶段，城镇人口年均增长率达 70.6‰，机械增长大于自然增长，城市化水平由 10.6% 提高到 15.4%，年均提高 0.60 个百分点。1958—1978 年是长达 20 年的大起大落阶段，表现为前 4 年大跃进期间的过度城市化，后十几年困难时期和"文化大革命"期间的两次反向城市化。截止到 1978 年，中国有城市 191 个，其中，100 万人口以上的特大城市有 29 个，50 万~100 万人口以上的大城市有 36 个，大城市和特大城市占城市总数的 28.8%，人口占全国城市人口的 72.6%。1978 年城市化率为 17.92%，仅比 1949 年提高了 7.32 个百分点，年均提高只有 0.25 个百分点，而同期工业增加值占国内生产总值的比重（即工业化率）已经达到 44.3%。1978 年与 1949 年相比，城镇人口增长了 11480 万人，但迁移性增长和因城镇区划变动由农村人口转为城镇人口的只有约 6000 万人。从整体上来说，改革开放之前的 30 年，中国的城市化基本上是非理性的，城市化水平的提高实际上应该是经济发展、特别是工业发展的"副产品"，是不自觉的产物，而我国该时期工业化的迅速推进并没有带来城市化水平的同步提高，城市化水平严重滞后于工业化水平。不仅如此，由于当时实行的是限制城市发展的政策和"先生产，后生活"的方针，城市功能并不健全，这给之后城市的建设和发展带来了许多问题。

改革开放以来，中国城市化发展进入自觉阶段。这一阶段也经历了三个时期：第一个时期为 1979—1985 年，这是由农村体制改革推动城市化发展的时期，其突出特点是农村改革的不断深入和乡镇企业的异军突起、城乡集贸市场开禁以及下乡知识青年返城等政策落实，其结束了城市化停滞不前的局面，我国的城市化率由 1978 年的 17.92% 提升到 1985 年的 23.71%，年均提高 0.8 个百分点。第二个时期为 1986—1992 年，这是以城市经济改革推动城市化发展的时期，国家经济改革的重点由农村转到城市。随着改革的深入，各地纷纷建立起开发区和工业园区，三资企业发展迅猛，新型城镇和小城市首先在沿海地区快速发展。国家制定了有利于城市发展的政策，调整了设市标准和设县标准，人口管制政策也开始松动，允许农民自带口粮进城办第三产业，促进了城市化水平的提高。1992 年，我国的城市化率达到 27.63%，比 1985 年提高了 3.92 个百分点。第三个时期为 1993 年至今，城市化进入整体推进时期。珠江三角洲、长江三角洲和京津塘环渤海地区出现了现代化的城市群，辽东半岛和胶东半岛的城市群也获得了较大发展，城市功能不断完善，城市面貌日新月异。农村小城镇建设也出现了较快发展，内涵不断丰富，功能不断完善。

总之，改革开放以来，中国城市化进程大大加快，1979 年以来的改革开放时期，我国的城市化进入了持续稳定的快速发展阶段。数据资料显示，从 1978 年底到 1997 年底的 19 年间，我国城镇人口增长了 19744 万人。由于这时我国总的人口增长率已经下降，所以城市化水平由 17.9% 提高到 29.9%，年均增长 0.63 个百分点，是前 29 年我国城市化速度的 2.5 倍（据国家统计局于 1998 报告）。而进入 20 世纪 90 年代，由于资金门槛和技术门槛过高，很多中

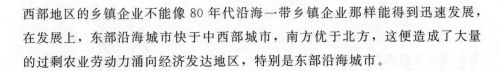

西部地区的乡镇企业不能像 80 年代沿海一带乡镇企业那样能得到迅速发展，在发展上，东部沿海城市快于中西部城市，南方优于北方，这便造成了大量的过剩农业劳动力涌向经济发达地区，特别是东部沿海城市。

二、人口流动状况

（一）概念界定

1. 流动人口、农民工

流动人口是指临时离开户籍所在地，跨越一定的社区管理范围，前往他地而不定时来回往返的人口。

农民工是中国经济社会转型时期的特殊概念，是指户籍身份还是农民，有承包的土地、每年从事非农业生产职业 6 个月以上、以工资为主要收入来源的人员。进城农民工（务工人员）是指在地（市）级以上城市从事第二、三产业的农村劳动力。农民工的流动主要以获取经济利益为目的，一般具有相对固定的职业、相对固定的工作地点和较长的暂住地居住时间。

2. 农民工子女

1998 年 3 月，国家教委、公安部颁发的《流动儿童少年就学暂行办法》第二条指出，流动儿童是指 6 至 14 周岁（或 7 至 15 周岁），随父母或其他监护人在流入地暂时居住半年以上的有学习能力的儿童。

在国家和各级政府的有关政策文件中，关于农民工子女的说法不尽一致。主要有以下几种："城镇流动人口中适龄儿童、少年""流动儿童少年""流动儿童""农民工子女""进城务工就业农民子女""流动人口子女""农村流动儿童""农民工随迁子女""进城务工人员随迁子女""非户籍务工人员子女""外来务工人员子女"。显然，这一特殊群体迄今仍缺乏一个统一的、法定的名称，在不同时期国家制定的法规文件中也先后出现过不同的称谓。1998 年的《流动儿童少年就学暂行办法》中称之为"流动儿童少年"，2003 年教育部、财政部等六部委联合颁发的《关于进一步做好进城务工就业农民子女义务教育工作的意见》中称之为"进城务工就业农民子女"，2006 年国务院颁发的《关于解决农民工问题的若干意见》中称之为"农民工子女"，2010 年 7 月颁发的《国家中长期改革与发展规划纲要（2010—2020 年）》以及 2011 年 9

月教育部颁布的《关于做好 2011 年秋季开学进城务工人员随迁子女义务教育就学工作的通知》中均称之为"进城务工人员随迁子女"。此处不做严格区分，认为其都指户籍不在流入地城市，随同进城务工就业的父母或监护人（农民工）双方或一方在流入地城区合法居住，应依法接受九年义务教育的农村户籍的适龄儿童少年。

（二）流动人口管理制度的演变及流动人口子女入学问题的凸显

1. 人口流动管理制度变迁

新中国成立后，我国在公共政策上具有明显的城乡二元结构特征，在人口政策上表现为严格的户籍管理制度，从体制政策到各项管理制度上限制农村人口流入城市，人为地在城乡之间挖出一条难以逾越的鸿沟，将城乡居民分割为两个在社会地位和发展机会方面极不平等的社会层次。如 1953 年颁布的《关于实行粮食的计划收购和计划供应的命令》和《粮食市场管理暂行办法》，国家把统购统销作为城乡之间的商品交换渠道。1956 年到 1957 年底，国家连续 4 次发出"防止、制止农村人口盲目外流"的指示，1958 年《中华人民共和国户口管理登记条例》严格限制农村人口流入城市，实行了城乡分割的户籍政策，标志着我国正式形成了城乡隔离制度和"二元"经济结构。

20 世纪 80 年代初，国家实行改革开放。随着家庭联产承包责任制带来的大量农村剩余劳动力的释放，国家的户籍制度和粮油供应制度有所松动，开始允许农民在自筹资金、自理口粮的条件下进入城镇务工经商，进而允许和鼓励农村劳动力的地区交流、城乡交流和贫困地区的劳务输出，于是出现了 20 世纪 80 年代中后期农村劳动力的大规模跨区流动，即所谓的"民工潮"。"民工潮"引发了交通运输、社会治安以及劳动力市场管理等一系列问题，最先进入政府决策视野的是由"民工潮"引发的交通和治安问题。很多报纸杂志将"民工潮"视为"盲流"，有关"盲流"对社会的危害的文章频繁见诸报端。1989 年 3 月，国务院下发《关于严格控制民工外出的紧急通知》；4 月，民政部和公安部联合发布《关于进一步做好控制民工盲目外流的通知》，对大规模农村劳动力的跨地区流动采取了封堵的政策，目的是加强对民工盲目流动的管理，限制民工外出务工。在这个时期，总体而言，农民的流动受到限制和约束，这一时期的流动主要以个体流动为主，很少有拖家带口的人口流动。因此，在这个阶段，外出务工农民子女的就学问题基本在其户籍所在地

解决，少数随迁的子女教育问题也能通过安插进班的方式得到解决。

各种限制性政策事实上并不能阻挡民工外流的趋势。从20世纪90年代初开始，国家对此也不得不采取理性的态度，加之民工对城市建设和经济发展亦有着显而易见的重要作用，国家开始放宽农民工进城务工的条件，对农民工的管理政策也由"控制盲目流动"调整为"鼓励、引导和实行宏观调控下的有序流动"。在1993年十四届三中全会召开之前，劳动部下发了《关于印发〈再就业工程〉和〈农村劳动力跨地区流动有序化——"城乡协调就业计划"第一期工程〉的通知》，提出要实现"在全国形成与市场经济相适应的劳动力跨地区流动的基本制度、市场信息系统和服务网络，使农村劳动力流动规模较大的主要输入、输出地区实现农村劳动力流动有序化"，即"输出有组织、输入有管理、流动有服务、调控有手段、应急有措施"，"在全国各级劳动力市场信息系统逐步建立的基础上，重点完善农村劳动力跨地区流动的信息传播、监测系统"。1993年11月11日至14日，在北京召开的中共十四届三中全会通过了《中共中央关于建立社会主义市场经济体制若干问题的决定》，明确规定"鼓励和引导农村剩余劳动力逐步向非农产业转移和在地区间有序流动"。12月21日，劳动部在《关于建立社会主义市场经济体制时期劳动体制改革总体设想》中提出"建立公平竞争的劳动力市场，还要逐步打破城乡之间、地区之间劳动力流动的界限"，"加强城乡劳动力统筹，以建立农村就业服务网络为突破口，合理调节城乡劳动力流动，逐步实现城乡劳动力流动有序化"等方面的内容。1993年这一系列的文件精神一致表明，国家对农村劳动力流动的政策有重大变化，这是党和国家对当时整个国民经济的发展态势及城乡就业与劳动力布局审时度势之后做出的决策转向。1994年11月17日，劳动部颁布了《农村劳动力跨省流动就业管理暂行规定》，要求"被用人单位跨省招收的农村劳动者，外出之前，须持身份证和其他必要的证明，在本人户口所在地的劳动就业服务机构进行登记并领取外出人员就业登记卡；到达用人单位后，须凭出省登记卡领取当地劳动部门颁发的外来人员就业证；证、卡合一生效，简称流动就业证，作为流动就业的有效证件"。这是我国第一个有关农村劳动力跨地区流动就业的规范化文件，自此开始实施以就业证卡为中心的农村劳动力跨地区流动管理制度，这也是1958年实行户籍制度严格限制人口乡城流动以来的第一次明显的变动，政府文件中第一次没有明确使用"限制农民进城"字样。1995年是我国流动人口管理政策一个重要的转折年。1995 年 7 月，中央社会治安综合治理委员会同公安部、劳动部等 16 个部委在厦门召开全国流动人口管理工作会议，确定了"因势利导，宏观控制，加强管理，兴利除弊"的流动人口管理指导思想，这标志着我国对流动人口已经由控制迁移转向全方位社会管理。随后，中央社会治安综合治理委员会颁布的《关于加强流动人口管理工作的意见》制定了流动人口管理工作的指导思想、主要任务和主要措施，确立了流动人口需要有关部门齐抓共管的思想，并细化了各部门在流动人口上的主要职责，会议还要求确立统一的收费办法，明确将是否具有暂住证和就业证作为收容遣送的重要依据。由此，我国流动人口管制政策逐步走向规范化和制度化。随后，公安部颁布了《暂住证申领办法》，劳动部发布了《关于抓紧落实流动就业凭证管理制度的通知》，劳动部办公厅发布了《关于"外出人员就业登记卡"发放和管理有关问题的通知》，这些配套文件的出台标志着我国建立了一整套专门针对农民进城就业的证卡管理制度。在实践中，农民工除须持"身份证"外，还被要求办理"就业证""务工证""流动人员婚育证明"以及"暂住证"等证明。

由于城市的容纳度有限，加之我国政府推动经济结构调整，城市下岗和失业职工的人数大量增加，从而增加了城市就业压力。此时，政府对来自城市和农村的劳动力实行不同政策，因此农村劳动力外出就业又进入一个紧张期。1997 年 11 月 25 日，国务院办公厅转发了劳动部等部门《关于进一步做好组织民工有序流动工作的意见》，意见强调要切实"做好组织民工有序流动工作"，地方各级人民政府和各有关部门"对城乡劳动就业要统筹规划，合理安排，加强宏观调控"，要"引导和组织民工按需流动"，要"鼓励和吸引外出民工回乡创业，促进民工收入向直接投资转化，带动农村剩余劳动力就地就近转移"。1997 年 6 月 10 日，国务院批转了公安部《关于小城镇户籍管理制度改革试点方案和关于完善农村户籍管理制度意见的通知》，"允许已经在小城镇就业、居住并符合一定条件的农村人口在小城镇办理城镇常住户口，以促进农村剩余劳动力就近、有序地向小城镇转移"，但强调要"继续严格控制大中城市特别是北京、天津、上海等特大城市人口的机械增长"。1998 年 6 月 9 日，中共中央、国务院发布《关于切实做好国有企业下岗职工基本生活保障和再就业工作的通知》，将"继续鼓励和引导农村剩余劳动力就地就近转移，合理调控进城务工的规模"作为解决城市下岗职工再就业的一种举措。这说明中央政府希望通过控制农民工进城就业以保障下岗职工优先就业。在这种政策的背景下，包括上海、广东、江苏、山东等东南沿海发达地区在内的大多数省市都出台了各种限制农村劳动力进城及外来劳动力进省的规定和政策，这些规定大都包含着对招收农村劳动力就业的岗位限制和次序限制，即许多类别的工作只允许招收本地城镇户口人员，只有那些危险的、艰苦的工种，或城市居民不愿意从事的脏的、累的工作，才允许招收农村劳动力。在招工次序上，原则上是"先城镇、后农村""先市内、后市外"，优先安排城市失业、下岗职工。城镇用人单位使用农村劳动力要有审批管理，未经批准使用的外来和农村劳动力要限期清退，安置下岗职工顶岗，这对农民工显然有失公平。

总体而言，在这期间我国农村劳动力流动的政策逐渐发生变化，对于最终建立城乡统一的劳动力市场具有重要作用，但这一时期相关的劳动力政策不是很完善，甚至有一些不利于农村劳动力流动的政策，如"证卡合一"制度、春运期间的用工限制政策、外来人口暂住政策以及一些地方政府和相关部门所制定的限制农村劳动力流动的地方法规，这些都对农村剩余劳动力的流动产生了很大的阻碍作用。

2000年以来，中央对流动人口的工作方针发生了重大转变，关于农民进城的政策导向主要倾向于为农民进城提供服务，国家相继出台了一系列政策措施以逐步取消各种限制性政策法规，降低农民外出的就业门槛，为农民外出就业创造公平环境，实现农村劳动力向城市的顺利转移。这个阶段的主要特征可以总结为"公平、有序流动"。如2000年1月10日，劳动与社会保障部办公厅下发了《关于做好农村富余劳动力流动就业工作的意见》，提出要促进劳务输出产业化，发展和促进跨地区的劳务协作，开展流动就业专项监察，保障流动就业者的合法权益。2000年6月，中共中央、国务院发布了《关于促进小城镇健康发展的若干意见》，提出从2000年起，允许我国中小城镇对有合法固定住所、稳定职业或生活来源的农民给予城镇户口，并在其子女入学、参军、就业等方面给予与城镇居民同等待遇，不得实行歧视性政策，不得对在小城镇落户的农民收取城镇增容费或其他费用。这表明我国流动人口政策发生了积极变化，标志着我国流动人口政策开始进入公平阶段。2000年7月，劳动保障部、国家计委在《关于进一步开展农村劳动力开发就业试点工作的通知》中指出，试行城乡统筹就业，逐步建立统一、开放、竞争、有序以及城乡一体化的劳动力市场，在试点地区范围内取消对农村劳动者流动就业的限制，这可以说是当代中国劳动力管理历史上的一个转折点。

2. 该阶段流动人口的特点

（1）流动人口规模快速持续增长。流动人口规模庞大并呈不断上升的趋势，在改革开放初期（20 世纪 80 年代），流动人口不足 200 万人，1995 年全国流动人口总数已达 8000 万人，2000 年第五次全国人口普查资料显示，我国各种形式的流动人口总量为 1.21 亿人。1993 年全国跨地区流动的劳动力为 2000 万人，1995 年上升到 3000 万人。1990 年第四次全国人口普查显示，全国外出一年以上的流动人口共有 2135 万人，1997 年为 3728 万人。仅上海市 1998 年的外来流动人口数量就有 106 万人，2000 年为 388 万人，在 1998—2000 年的 2 年期间增加了 282 万人。

在各种形式的流动人口中，农民工占据大多数。相关资料显示：1995 年外出务工的农民工有 7000 万人，1996 年有 7223 万人，2000 年达到 7849 万人。

（2）流动人口"家庭化"和"常住化"趋势。自 20 世纪 90 年代开始，进城务工农民迁移模式逐渐由"原子化"向"家庭化"转变，随之而来的农民工子女的数量逐年增加。据 2000 年第五次全国人口普查数据显示，0 至 14 岁的农民工子女为 1409 万人，占流动人口总数的 13.78%，其中农业户口占 70.9%。且"五普"资料显示，农民工子女至少有 50% 在流入地居住满 4 年或超过 4 年，有 75% 的人居住 2 年或 2 年以上。跟随父母进入城市或者本身就在城市出生的农民工子女在流动人口中所占的比重越来越大。

自 2000 年下半年开始，国家在清理和取消农民进城就业的各种不合理限制的同时，积极地推进就业、社会保障等多方面的配套改革，为农民进城务工创造了良好环境。于是，流动人口在规模不断增大的同时，其流动结构也发生了重要变化。越来越多的青壮年人由过去的"单身外出"方式逐渐转变为"举家迁徙"，出现流动人口"家庭化"的趋势，大量的农民工开始在城市工作、生活和定居，而且这一态势仍在继续发展之中。随着流动儿童数量增加，作为第二代移民的流动人口子女义务教育问题开始强烈地呈现出来，城市流动人口子女的义务教育问题被提上日程，并在相关的教育政策法律中得以体现。

第二节　农民工子女教育政策文件

在 20 世纪 90 年代以前，农民工子女义务教育问题并没有引起太多人的重视，相关报道和研究都比较少。《教育法》也没有涉及非户籍人口的义务教育问题，可以说农民工子女教育处于政策空白期。《义务教育法》第八条规定："义务教育事业，在国务院领导下，实行地方负责，分级管理。"第九条规定："地方各级人民政府应当合理设置小学、初级中等学校，使儿童、少年就近入学。"这实际上是把义务教育问题作为地方性的事业来看。因此，地方政府只需要负责本地区适龄儿童的义务教育费用，而在户籍制度的限制下，"就近"的标准是具有当地户口，由于流动人口子女没有流入地的户籍，流入地政府对这些儿童也就没有进行义务教育的责任。自 90 年代以来，流动人口"家庭化"的趋势逐渐增强，流动人口子女的义务教育问题也凸显出来，并在一系列相关的教育政策法规中体现出来。

1992 年 2 月，原国家教育委员会经国务院批准颁布了生效至今的《中华人民共和国义务教育法实施细则》（以下简称《细则》），《细则》第十四条规定："适龄儿童、少年到非户籍所在地接受义务教育的，经户籍所在地的县级教育主管部门或者乡级人民政府批准，可以按照居住地人民政府的有关规定申请借读""借读的适龄儿童、少年接受义务教育的年限，以其户籍所在地的规定为准"。尽管设置了"批准""按居住地政府规定"和"借读"（"借读费"即由此而来）等明显不合理的限制性条款，但从当时来说，确实是一个很大的进步，毕竟它为流动人口子女接受教育并在城市取得主体地位提供了法律依据。

1995 年，原国家教委将研究解决流动人口子女教育问题列入当年的议事日程，基础教育司义务教育处与北京市教育科学研究所开始联合调研流动人口子女入学问题。同年，原国家教委在北京市丰台区、上海市徐汇区、天津市河北区、河北省廊坊市、浙江省义乌市及深圳市罗湖区等 6 个地方进行试点。在调研和试点工作的基础上，1996 年，原国家教委印发了《城镇流动人口中适龄儿童少年就学办法（试行）》（以下简称《就学办法》），并在部分省、区进行试点。这是中国政府第一次以部门规章的形式，对城市流动儿童、少年的就学问题做出了比较全面的、专门的规定。主要相关内容摘录如下：

第二条　本办法所指城镇流动人口，是指在流入地从事务工经商等经济活动或其他社会活动，并持有流入地暂住户口的人员。

第三条　城镇流动人口中适龄儿童、少年，是指年满 6 至 14 周岁（或 7 至 15 周岁），有学习能力的子女或其他被监护人。

第四条　凡符合本办法第二、三条款的，流入地人民政府（市、区、镇），要为流动人口中适龄儿童、少年创造条件，提供接受义务教育的机会。流入地教育行政部门，应具体承担城镇流动人口中适龄儿童、少年接受义务教育的管理职责。

第五条　城镇流动人口中适龄儿童、少年的家长或其他监护人，必须保证其适龄子女或其他被监护人接受规定年限的义务教育。

第六条　城镇流动人口中适龄儿童、少年户籍所在地教育行政部门，应建立严格的适龄儿童、少年流动管理制度。凡户籍所在地有监护条件的，必须在户籍所在地接受义务教育；户籍所在地没有监护条件的，流动期间在流入地接受义务教育。

第八条　城镇流动人口中适龄儿童、少年就学，应以在流入地全日制中小学借读为主。没有条件进入全日制中小学的，可以进入各种形式的教学班、组，接受非正规教育。

第九条　城镇流动人口中适龄儿童、少年入学，应由其父母或其他监护人，持流入地暂住证，向流入地住所附近中小学提出申请，经学校同意后即可入学。如果入学申请不能被流入地住所附近中小学校接受，可向流入地教育行政部门或其指定的单位提出申请，由教育行政部门，或其指定的单位，协调解决就学。

第十一条　经流入地市、区人民政府批准，企事业组织、社会团体、其他社会组织及公民个人，可依本办法举办专门招收流动人口中适龄儿童、少年的学校或教学班、组。所需经费由办学者负责筹措。

第十二条　经流入地教育行政部门批准，城镇全日制中小学校，应利用现有校舍，聘请离退休教师或其他具备教师资格的人员，举办招收城镇流动人口适龄儿童、少年的附属教学班、组。

第十三条　教学班、组或附属教学班、组，可采取晚班、星期日班、寒暑假班等多种形式；小学可只开设语文、数学等课程，至少达到扫盲的程度。

初中也可适当减少授课门类。

第十四条　专门招收城镇流动人口中适龄儿童、少年的学校或教学班、组，应贯彻执行国家的教育方针，保证教学质量，对经考试合格的学生，应发给相应的学业证明。

第十五条　城镇流动人口中适龄儿童、少年在流入地接受教育，流入地学校或教学班、组，可以向其父母或其他监护人收取一定的费用。收费标准由学校或办学者根据教育培养成本提出方案，报请市、区教育行政部门和物价管理部门批准后执行。借读生收费，按流入地教育行政部门的规定执行。

第十六条　为城镇流动人口中适龄儿童、少年举办的学校或教学班、组不得以营利为目的，不得违反国家有关规定向学生乱收费。工商、税务等部门和街道，也不得向这类学校乱摊派。

第十七条　对家庭经济确有困难的学生，学校或办学者应酌情减免费用。

第十八条　流入地市、区教育行政部门在同级人民政府领导下，具体负责管理、监督本行政区内流动人口中适龄儿童、少年的义务教育实施工作。公安、工商、劳动、物价等部门和街道办事处，应予以积极配合。

第十九条　流入地市、区教育行政部门，应为在校的流动人口中适龄儿童、少年设立临时学籍。临时学籍应记载学生的转进、转出、成绩、操行评语、健康状况、升级、休学、复学、毕业、结业等项目。学生升学或转走时，应由学校对临时学籍进行审核签章，由学生带至新转入学校。

第二十条　城镇流动人口中适龄儿童、少年的毕业和升学，参照流入地教育行政部门有关借读生的规定办理。

第二十一条　为城镇流动人口中适龄儿童、少年举办的学校或教学班、组，应于每学年初，将其入学情况通报给学生户籍所在地学区，学区应作为入学率统计。

第二十二条　流入地教育行政部门和学校，应维护就学的流动人口中适龄儿童、少年的正当权益，在奖惩、评优、申请加入少先队和共青团、参与文体活动等方面不得歧视。

第二十三条　城镇流动人口中适龄儿童、少年的父母或其他监护人，未按规定送其适龄子女或其他被监护人入学的，由流入地教育行政部门按照当地的义务教育有关规定予以处罚。

第二十四条　流入地市、区人民政府，有权对本行政区内违反规定乱收费的学校和教学班、组给予处罚，视具体情况没收违法收入、处以罚款，直至勒令停止办学。

《就学办法》主要包含七个方面的内容：①对城镇流动人口及城镇流动人口中适龄儿童、少年做出界定。从第二条、第三条规定可以看出，所谓的适龄儿童、少年，即指处于义务教育年龄段的学龄儿童、少年。②规定流入地政府及各职能部门的责任。第四条、第六条、第十八条规定了流入地政府负有为本地适龄流动儿童少年提供义务教育的责任，同时，各职能部门应各司其职。③第五条、第二十三条规定了家长及监护人的责任。根据以上规定，流动儿童少年的家长或监护人负有送其子女接受义务教育的义务，一旦没有履行，家长或监护人将被追究责任。④以在城市全日制中小学借读作为主要的就学方式。根据第八条规定，适龄流动儿童少年接受义务教育，应以在流入地全日制中小学借读为主要方式。同时，接受正规学校教育并没有成为一种强制性的规定。第九条规定确定了流动儿童少年就学的基本程序。⑤举办民办打工子弟学校，创办多种办学形式。第十一条、第十四条规定初步确立了民办打工子弟学校的合法地位。第十二条、第十三条规定了公办中小学应创办多种办学形式，以非正规教育的形式弥补公办教育资源短缺的弊端。⑥规范收费，实行贫困生就学费用减免政策。第十五条、第十六条、第十七条、第二十四条规定对流动儿童少年就学的收费项目和标准进行了规范，并确定了具体的罚则。此外，还确立了贫困生就学费用减免原则。⑦规范教育管理，确立一视同仁原则。第十九条、第二十条、第二十一条规定确立了针对流动儿童少年的教育管理原则。第二十二条规定了流动儿童、少年在接受义务教育的过程中享有与流入地常住人口学生同等的权利，应遵循一视同仁的原则。《就学办法》的颁布标志着政府开始关注进城务工就业农民的子女教育问题。随后在《就学办法》的指导下，由政府组织并指导在京、沪等省、市进行试点，最终使这一问题由社会现象逐渐转变为一种政府行为。

根据《义务教育法》及其《细则》的规定，1998年3月2日，原国家教委、公安部制定与实施的《流动儿童少年就学暂行办法》（以下简称《办法》），对解决流动人口子女就学问题进行了较为详细的规定：

第三条　流动儿童青少年常住户籍所在地人民政府应严格控制义务教育阶段适龄儿童少年外流。凡常住户籍所在地有监护条件的，应在常住户籍所在地接受义务教育；常住户籍所在地没有监护条件的，可在流入地接受义务教育。

　　第四条　流入地人民政府应为流动儿童少年创造条件，提供接受义务教育的机会。流入地教育行政部门应具体承担流动儿童少年接受义务教育的管理职责。流动儿童少年入学，应保证完成其常住户籍所在地人民政府规定的义务教育年限，有条件的地方，可执行流入地人民政府的有关规定。

　　第五条　流动儿童少年常住户籍所在地人民政府和流入地政府要相互配合，加强联系，共同做好流动儿童少年接受义务教育工作。流动儿童少年常住户籍所在地乡级人民政府、县级教育行政部门、学校和公安派出所应建立流动儿童少年登记制度。流入地中小学应为在校流动儿童少年建立临时学籍。

　　第六条　流动儿童少年父母或其他监护人应按流入地人民政府规定，送子女或其他被监护人入学，接受并完成规定年限义务教育。

　　第七条　流动儿童少年就学，以在流入地全日制公办中小学借读为主，也可入民办学校、全日制公办中小学附属教学班（组）以及专门招收流动儿童少年的简易学校接受义务教育。

　　第八条　流动儿童少年在流入地接受义务教育的，应经常住户籍所在地的县级教育行政部门或乡级人民政府批准，由其父母或其他监护人，按流入地人民政府和教育行政部门有关规定，向住所附近中小学提出申请，经学校同意后办理借读手续。或到流入地教育行政部门提出申请，由教育行政部门协调解决。

　　第九条　经流入地县级以上人民政府教育行政部门审批，企业事业组织、社会团体、其他社会组织及公民个人，可依法举办专门招收流动儿童少年的学校或简易学校。办学经费由办学者负责筹措，流入地人民政府和教育行政部门应予以积极扶持。简易学校的设立条件可酌情放宽，允许其租赁坚固、适用的房屋为校舍。

　　第十条　经县（市、区）教育行政部门批准，流入地全日制公办中小学可利用校舍和教育设施，聘请离退休教师或其他具备教师资格人员，举办专门招收流动儿童少年的附属教学班（组）。

　　第十一条　招收流动儿童少年就学的全日制公办中小学，可依国家有关规定按学期收取借读费。借读费标准按国家教育委员会、国家计划委员会、财政部联合颁发的《义务教育学校收费管理暂行办法》执行。

　　第十二条　专门招收流动儿童少年的学校、简易学校和全日制公办中小学附属教学班（组）收费项目和标准按国务院发布的《社会力量办学条例》

中的有关规定执行。

第十三条　凡招收流动儿童少年就学的学校和全日制公办中小学附属教学班（组），均不得以营利为目的，不得违反国家有关规定乱收费、高收费。对家庭经济困难的学生应酌情减免费用。

第十四条　流入地教育行政部门和学校应维护就学流动儿童少年的正当权益，在奖励、评优、申请加入少先队和共青团、参加校内外活动等方面不得歧视。

第十五条　专门招收流动儿童少年的学校和全日制公办中小学附属教学班（组），应贯彻国家教育方针，努力提高教育质量。对完成学业，经考试合格的学生，应按流入地有关规定，发给相应的毕业证书或证明。

第十六条　流入地教育行政部门应对专门招收流动儿童青少年的学校和全日制公办中小学附属教学班（组）教育教学工作进行指导和监督。

第十七条　违反本办法规定的，由流入地人民政府责令限期改正。对责任人员，由其所在单位或上级机关给予行政处分。

第十八条　省、自治区、直辖市人民政府可根据《流动儿童少年就学暂行办法》，结合本地区实际情况，制定具体实施办法。

《办法》于 2007 年 4 月 28 日被废止。

在这个阶段，国家政府意识到了农民工子女受教育问题的重要性，也在通过各种途径试图解决这个问题，但是从这个时期所推行的政策来看，虽然政府承认了流动人口子女可以在城市就读，但以《办法》为例，还是可以明显地看到农民工子女在城市学习的限制性和城乡孩子入学的差异性。从政策来看，他们流入城市是被"严格控制"的，《办法》明确规定"流动儿童少年常住户籍所在地人民政府应严格控制义务教育阶段适龄儿童少年外流"。在城市学校上学只能是在"有条件的地方""借读"，而且要缴纳一定的"借读费"。《办法》的出台实际上更多的是出于加强社会控制的考虑，政策导向以限制为主，这致使农民工子女教育仍处在城市正规教育系统的外围。高额的借读费及其他费用将收入较低的农民工子女排斥在公立学校的大门之外，致使一些孩子只能选择收费低廉、设施简陋的打工子弟学校。

在以往的研究中，对农民工子女教育政策阶段有不同的划分办法。如有的研究者从国家对农民工政策的历史演变视角，考察了国家对农民工子女教育政策的变迁，并把农民工子女教育政策划分为五个阶段：限制阶段（1992

年以前)、认可阶段(1992—2000年)、重视阶段(2001—2002年)、明朗化阶段(2003年)和强化阶段(2004年以来)(吴新慧、刘成斌,2007)。这五个阶段的特征反映了国家对农民工及其子女教育态度的转变,以态度为划分标准,比较准确地描述了农民工子女教育政策的历史演变及其变化轨迹。有些研究者则将国家对农民工子女的教育政策分为四个阶段:空白阶段(1984—1991年)、限制阶段(1992—2000年)、调整阶段(2001—2005年)和明确阶段(2006年至今)(张丽,2011)。也有研究者根据政策文本的主要特点将农民工子女教育政策划分为三个阶段:起始阶段(1996—2000年)、发展阶段(2001—2005年)和完善阶段(2006年至今)(宋小香、马博、袁凤琴,2012)。虽然各种划分时间节点略有差别,但都能反映各个阶段农民工子女义务教育政策的主要特征。因此,我们在梳理改革开放以来农民工子女义务教育政策时,将1978—2000年作为政策演变的第一个阶段,这是因为人口流动规模逐渐扩大是伴随改革开放开始出现的现象,且这一阶段政策的主要特征是国家及地方政府逐渐认识到农民工子女义务教育的问题,但是仍以限制和控制人口无序流动为主,农民工子女教育问题并没有在实质上得到解决。

第三节　农民工子女教育问题现状调查

1995年1月21日,《中国教育报》上登的一篇文章《流动的孩子哪儿上学——流动人口子女教育探讨》,使这群孩子的教育问题开始受到社会各界的关注,但真正开始对其进行调查研究是在1996年以后。对农民工子女教育问题的研究主要从农民工子女教育安置的政策、流动人口适龄儿童就学情况,以及流动人口适龄儿童家庭状况三个方面进行入手和分析。为全面了解我国流动人口适龄儿童少年接受义务教育的基本现状,摸清流动适龄人口入学所面临的主要问题及影响因素,为进一步修订试行办法提供依据,国家教委基础教育司与教育管理信息中心等部门在联合国儿童基金会的支持下,于1996年10月至12月对6个省市(区)就流动适龄儿童少年入学状况进行了调研,这是我国教育界第一次对流动适龄人口入学状况进行的较大规模的调查。此后,各省市也开始对本地区流动人口适龄儿童的教育状况进行了调查。以下从农民工子女教育安置的政策、流动人口适龄儿童就学情况,以及流动人口适龄儿童家庭状况三个方面对这一时期流动人口适龄儿童入学问题的解决进行描述。

一、各省市关于农民工子女义务教育问题的政策文件

20世纪90年代中期，由于流动人口大量涌入各大城市，这些城市相继推出了流动人口管理政策，为合理引进和利用人才提供了土壤的同时，也为流动人口子女打开了入学之门。而接受义务教育的权利通常与户籍制度的改革紧密联系，我们以北京、上海、武汉等地的户籍管理制度及各地义务教育入学管理办法来说明流动人口子女在流入地的受教育权问题的解决或部分解决。

（一）上海有关流动人口子女受教育问题的政策文件

早在1994年2月，上海市就对外来常住人口试行蓝印户口政策，此政策于1998年进行了修改，于2002年4月停止执行。蓝印户口是指上海市投资、购买商品住宅或者被该市单位聘来的外省来沪人员在具备了规定的条件后得到的，经公安机关批准登记后加盖蓝色印章表示户籍关系的户口凭证。持蓝印户口者，在入托、入园和义务教育阶段的入学等方面享受本市常住户口者的同等待遇。但从执行来看，上海市共办理蓝印户口4.2万人，绝大多数都是通过购房获得蓝印户口的，流动人口受教育权的问题没有得到解决。

原上海教委于1995年颁布了《上海市中小学学籍管理暂行办法》，规定外来人员子女入学只要"三证齐全"（暂住证、务工证、出生证）就可以向居住所在地教育主管部门申请借读。

1998年，上海市政府要求各级政府和教育行政部门妥善解决和处理外来流动人口中适龄儿童少年的就学问题，加强对民工子弟学校的管理。当年，上海市教委与市公安局联合颁布了《上海市外来人口中适龄儿童少年就学暂行办法》，进一步明确了公安、工商、劳动、物价等职能部门的职责，细化了流动儿童少年入学的基本条件、学籍管理和学校管理等操作细则，并对外省市有关人士在上海举办民工子女学校（或称"简易学校"）的申办、收费标准、校长培训、教师培训和实行年检制度等方面做出了明确规定。年内，市教委采取多种措施，解决了近10万名流动儿童少年的就学问题。

2000年，上海市人事局出台了引进人才工作证制度，保证了流动人口子

女受教育权的落实。制度规定，持有引进人才工作证的人员，其子女可申请进沪就读。

（二）北京户籍改革及流动人口子女受教育权

1996 年 6 月 24 日，北京市出台了以就业、居住管控为主的北京市工作寄住证政策，给来京效力的知识型人才办个"工作寄住证"，使其在购房、子女入托、入中小学方面享受本市市民待遇。但将人才分为两档：可以引进的和可以拿北京市"工作寄住证"的。非户籍居民可以在本市就读的，必须回原籍参加高考。

（三）武汉解决农民工子女义务教育问题的政策

武汉市在流动儿童教育问题初步凸显时就采取了理性的态度。1999 年，汉阳区率先敞开公办学校大门接纳农民工随迁子女入学，此后每年开放学校接收农民工子女的力度不断加大。按照武汉市义务教育入学管理办法，农民工子女在武汉接受义务教育，均按照相对就近的原则进行划片安排，确保农民工随迁子女"有学上、上好学"。2000 年，在公办学校就读的农民工随迁子女比例占农民工随迁子女总数的不到 30%，经过 10 年的努力，在 2010 年，这一比例上升为 93.04%。

武汉市公办学校成为接纳农民工随迁子女就读的主渠道的同时，部分公办教育资源不足的偏远地区还存在少数民办简易学校，简易学校在解决随迁子女接受义务教育方面发挥了积极作用。1998 年，为规范准入管理，提高简易学校办学水平，武汉市在全国率先制定了《武汉市社会力量办流动人口子女简易小学办学基本标准》（武教委〔1998〕48 号），从举办者、师资、办学目标、办学场地及设施、办学经费与教育教学管理等方面，对社会力量办简易学校的审批标准进行了规范，并明确了市区审批社会力量办学的权限，规定了义务教育阶段的社会力量办学（含简易学校）由各区教育行政部门受理、审查、审批，审批后的学校教育教学业务及日常的行政管理由所在区教育行政部门管理。

二、流动人口适龄儿童就学情况

1996 年对 6 个市（区）试点的调查结果显示，流动人口适龄儿童少年入学生与当地中、小学适龄在校生平均比例为 12.05%，即在这些地区约每 11

个在校生中就有一个是借读生。在深圳市罗湖区这一比例高达 41.84%，而在天津市河北区这一比例达 17.38%，在浙江省义乌市城区，中小学流动人口子女占在校生的平均比例为 17%。流动人口中，适龄儿童少年的入学问题已经给当地教育部门造成了巨大压力。一方面是现有学位严重不足，如深圳市罗湖区的学校原建制 25 个班，现在不得不扩大到 30 个班，有的小学平均班额达 60 人，以容纳不断增长的流动适龄人口就学。另一方面，流动人口子女入学需要地方政府巨大的财政投入。一项调查显示，仅 2000 年一年，杭州市各区政府为承担流动人口子女入学就投入了 1522.67 万元。各区的流动人口子女年平均经费从 780.83 元到 1965.55 元不等。流动人口子女的数量不断增长，使政府和教育行政部门财政压力日益增大，教育资源也变得异常紧张。在这种背景之下，各地方政府和教育行政管理部门仍在尽最大努力解决流动人口子女入学问题。

流动人口适龄儿童入学情况及就学类型有以下三种。

1. 流动人口适龄儿童少年的入学率

调查数据显示，六市（区）共有流动人口适龄儿童少年约 55047 人，其中已入学 52882 人，占流动适龄人口的比例为 96.02%，这一数字是各地上报的根据本地调查推算的数据。根据直接回收的 1936 份有效问卷进行推算，由家长或监护人自己填写的流动适龄人口入学率为 94.43%，调查组认为这一数字更接近目前六市（区）流动人口适龄儿童少年的入学率。这表明，流动人口适龄儿童少年能否上学的问题已得到基本解决。当然，也可能是因为这些是流动人口子女教育问题解决得比较好的地区，并不具有普遍性。周拥平等在 1997 年 5 月对北京地区携 3—12 岁子女在京的流动家庭进行的调查显示，被调查的 471 户流动人口家庭中共携有小学学龄儿童 392 人，他们的入学率为 71%，失学率为 29%。1997 年《光明日报》发表的文章显示，据对北京外来人口中 12 万个 6—14 岁少年儿童的抽样调查，所估计的入学率仅为 12.5%（郭扶庚，等，1997）。由于调查地区的不同、样本群体的特殊性，调查结果显示的适龄儿童少年的入学率也会存在较大差异。但是即便是较小的失学率，代表的也是一个庞大的流动儿童群体。2000 年第五次人口普查的结果显示，流动儿童少年的失学率为 4.8%，高于全国儿童（包括农村儿童）的相应比例（3.3%），这在一定程度上是能够反映流动适龄儿童的入学状况的，这说明流

动儿童入学接受教育是一个亟待解决的问题。

2. 公办学校是解决流动儿童少年入学的主渠道

从各地的调查数据反馈来看,公立学校确实成为流动人口子女入学的主渠道。六市(区)试点调查反馈的数据表明,北京市丰台区截至 1996 年底已接收 3869 名非北京户籍的适龄儿童、少年入学,约占该区流动人口中适龄儿童少年总数的 68%。深圳市罗湖区中小学的借读生比例高达全区学生数的 45%。浙江省义乌市已吸纳 4763 名外来人员子女借读,相当于扩招了 90 多个班额学生为 50 人的班级。在 1997 年 5 月,对 3—12 岁子女在京流动人口进行的问卷调查显示,在被调查的 471 户流动人口家庭中,共携有小学学龄儿童 392 人,他们的入学率为 71%,失学率为 29%。他们主要在城乡接合部的公立小学学习(81%),在高收费的正规民办学校学习的只有 1%。除这些市(区)外,其他省市的调查结果也反映了相似的情况,公立学校成为解决流动人口子女入学的主要渠道。1997 年海南省流动人口子女教育问题课题组的调查结果显示,1996—1997 学年,海口市流动人口子女就学的有 9850 人,占全市中小学在校生的 11.2%,其中流动人口子女就学人数为小学 6820 人、初中 2157 人、高中 873 人,分别占小学、初中、高中的 11.4%、10%、10.4%。在流动人口子女就学人数中,市直属学校 2673 人、区属学校 4237 人、企业办学校 1607 人、私立学校 1333 人,分别是流动人口子女就学总数的 27.1%、43%、16.3%、13.6%。教育部门办学校中流动人口子女入学的有 6910 人,其中小学 4423 人、初中 1691 人、高中 796 人。

但是,在公立学校就学面临缴纳借读费的问题,这也是由于公立学校学位紧缺所造成的。多项研究的结果都表明,造成流动儿童失学的一个重要原因是无力负担高额的借读费。从海南省 1997 年规定的借读费标准中我们可以窥见一斑,研究显示,海南省物价、财税以及教育部门制定的借读费标准是,每人每学期高中 600 元、初中 500 元、小学 300 元;学生入学按学段一次缴费,即高中 3600 元、初中 3000 元、小学 3600 元。海南省制定的借读生费标准,尚未区别省会城市与其他地区教育培养费之差距,无优质学校与一般学校的优价与差价之分。在执行收取借读生费时,市直属小学和区中心小学一般收借读费 8000—12000 元。实际上,各个学校收取的借读费远不止收费标准规定的数额。对六省市 946 户家庭问卷中对有关中小学收费情况的统计结果显示，除了天津市河北区和河北省廊坊市的填表数字与两地规定的收费标准相对接近以外，其他几个市（区）实际收费显著高于规定的收费标准。各市（区）间收费差异也很大，如浙江省义乌市和河北省廊坊市借读生收费相差近 5 倍。1997 年 5 月，对北京 3—12 岁子女在京的 471 户流动人口的调查显示，进入公立小学学习的儿童基本上都交了数额不等的赞助费，大部分在 5000—10000 元（60％），交 5000 元以下的有 26％，只有 5％交了 1000 元以上。有关部门规定，小学向流动人口收取赞助费最高为每学年 2000 元，可以少收，不能多收；可以按年收，也可以一次性收齐。各学校根据自己的条件决定赞助费的标准和收取方法，条件好的就按高标准并一次性收齐（条件特别好的或不收流动人口子女，或暗地里协商收取高额赞助），条件不太好的就降低标准并允许按年交赞助费。每学期的学杂费大部分在 230—500 元（65％），这中间可能包含每学期的借读费 240 元。流动人口子女上小学的费用由三部分组成：学杂费，与其他学生一样；借读费，与没有北京户口的其他借读生（指不在户口所在地学校就读的学生）一样，每学期 240 元；赞助费，每年最高为 2000 元，名义上为自愿捐助，由区教委发给捐助证书。借读费及其他费用成为阻碍流动人口适龄儿童、少年入学的一个重要因素。

除了在现有公办学校插班借读以外，一些地区还专门创办了招收务工人员子弟的特色公立学校。如湖南省株洲市南区针对当地个体私营工商户数量庞大的特点，于 1993 年 3 月 16 日创办了全国第一所公办性质的个体劳动者子弟学校。该校当时的规模为 8 个教学班，接纳了近 400 名流动儿童入学。学生每人每年各项费用共 500 元，学生可选择寄宿，吃住、娱乐、补习费用每月 300 多元。这种公办民助的办学经验对其他地区也有一定的借鉴意义。

3. 私立学校对解决流动人口适龄子女入学问题发挥了重要作用

公办学校学位有限以及流动人口适龄子女在部分地区比较集中，致使在公办学校就近入学压力骤增。上海市徐汇区仅 1996 年就增加了学生 7096 人，相当于 140 个班额 50 人的教学班，且在公办学校就读需要收取一定的借读费和其他形式的费用，在这种情况下，发动社会力量办学，对流动人口子女入学问题起到一定的缓解作用。在这一时期针对民工子女所办的学校大致有三类，第一类是流动人口流出地教委或学校的跟踪办学点，第二类是企业为解决本单位内民工子女就学问题而创办的学校，第三类是其他社会力量（多为个人）的办学点。当地教育行政部门对这些学校既没有任何形式的书面认可，也没有任何形式的监管和管理，多是采取默认的态度。在 1997 年一项关于上海市流动人口子女教育问题的调查显示，据不完全统计，本市目前有民工子弟学校（教学点）121 个，学生 14762 人，教师 521 人，每学期收费 300—350 元（包括教材和学杂费在内）。1998—1999 年，中国农村劳动力资源开发研究会对北京周边地区进行的一次普查式的调查显示，专收来京务工人员子女的学校有 110 多所，在这些学校就学的人数为 15000 人。而据某些务工子弟小学的创始人们说，北京周边的流动人口子女学校已达到 300 多所。这类非正规学校主要集中在海淀、朝阳、丰台等外来民工聚居的城乡接合部，绝大多数是有一二百名学生的中型学校和不足百人的小型学校，规模最小的学校只有二十几人。这些学校的学费大多数是每年 500—800 元，而且往往每学期收一次。陈嘉玲在北京开展的调查发现，2000 年底，北京的打工子弟学校有 200 多所，就学人数在 4 万人以上。民工子弟学校由于收费低、办学灵活、分布在流动人口集中的地方以及容易接受流动人口子女入学等特点，很受流动儿童的父母欢迎，成为许多家长的选择，它也解决了一大批流动人口适龄子女入学受教育的问题。但是硬件设备差、条件简陋、师资力量没有保障、教学水平低是民工子弟学校普遍存在的问题。

1996 年的《城镇流动人口中适龄儿童少年就学办法（试行）》和 1998 年 3 月由国家教委、公安部制定与实施的《流动儿童少年就学暂行办法》，使农民工子女义务教育有了政策依据。但高额的借读费及其他费用将收入较低的农民工子女排斥在公立学校的大门之外，一些孩子只能选择收费低廉、设施简陋的打工子弟学校。并且这一时期政策的导向以限制为主，致使许多农民工子女仍然处在城市正规教育系统的外围。而且这些有利于流动少年的政策均属于行政规定，并没有通过国家立法机关上升到法律的高度，不具备法律的强制效力，在落实中难以得到地方政府应有的重视。

三、影响流动人口适龄儿童入学的家庭因素

（一）父母文化水平

六市（区）试点调查结果显示，绝大多数适龄儿童少年都是随父母流动的。调查中的 1936 个监护人中，除了 6 位（占 0.3%）没有汇报信息的父母

以外，小学及以下文化程度者 495 人，占调查总数的 25.6%；初中文化程度者 791 人，占 40.9%；高中文化程度者 525 人，占 27.1%；大专以上文化程度者 119 人，占 6.1%。即流动儿童的父母以初中文化程度者居多。流动人口的总体文化素质不低于全国人口的平均水平，但是与经济较发达的流入地人口相比，流动人口的文化程度偏低。一般认为，父母文化程度高对儿童入学的要求也比较高，但本次结果显示，文化程度在初中及以下（88.5%）和高中及以上（90%）的父母十分希望子女入学的比例差别不大，但文化程度更高的父母希望子女入学的愿望更强烈，这说明绝大多数流动家庭都希望子女入学，对子女上不上学持无所谓态度的父母极少。但是不同文化程度的父母对孩子的期望会影响到就读学校的选择，黄志法和傅禄建对上海市外来人员子女借读较为集中的四所学校进行调研的结果发现，外来民工的文化程度普遍较低，他们对子女的期望值并不高，但是基本上都希望子女完成义务教育，期望子女完成大学教育的只占 4%，因而只有一小部分很希望子女进公办学校（23.8%），选择有条件就去公办学校和无所谓哪种学校的共占 76.1%，所以大部分父母对孩子目前学习的民工子弟学校较满意（49.2%）。

（二）父母职业和收入水平

六市（区）调查数据表明，流动人口从事的职业有务工（17.4%）、务农（2.1%）、经商办厂（65.1%）、服务业（5.2%）、其他（约 10.2%），其中，经商办厂和务工是流动适龄儿童父母从事的主要行业。人年均收入 2000—4000 元者所占比例较大。研究结果显示，未入学子女的流动人口家庭收入并不低于流动人口家庭总体的收入水平。所以家庭经济状况的好坏并不是制约流动人口子女入学与否的重要因素。但父母职业类型对子女入学有一定的影响，有未入学子女的流动人口家庭中，从事经商办厂的占 79.6%，从事其他行业的占 20.4%，这表明未入学的子女多为经商办厂的家庭。经商办厂的流动人口家庭，父母可能认识不到接受教育的重要作用，而孩子可能作为劳动者提前进行经济活动。

（三）流动人口家庭原居地的城乡属性与子女入学有显著关联

结果显示，在入学的 162 户家庭中，有 66.7% 来自农村，14.8% 来自县镇，18.5% 来自城市。有未入学子女的家庭成员主要来自农村，也就是说，来自农村的流动人口家庭更可能出现适龄子女辍学现象。

（四）家庭人数

六市（区）调查的三口之家有 637 户，占家庭总数比例的 32.9%；四口之家为 807 户，约占 41.7%；其他类型人数家庭 492 户，占 25.4%。这表明一家三口或四口是流动家庭的主要形式。该研究中没有讨论家庭人数与流动儿童入学的关系，但关于农民工子弟学校的调查研究发现，这些学校就学的儿童放学回家后，他们很多时间是在做家务和照顾弟弟妹妹，这对他们自身的学习有一定的影响。

（五）居住条件

调查数据显示，大多数携带适龄入学儿童的流动家庭居住在租赁屋或简易宿舍中，其中，住租赁房的流动户占总户数的 64.3%。居住在城乡接合部的农业区的家庭有 32.3%，居住在商业区（其中多为市场或商品集散地）的占 29.9%。而这些区域流动人口比较集中，学校教育资源相对紧缺，生活和文化设施也不完善。

第四章　2000—2010 年农民工子女教育的发展

第一节　社会发展背景

一、21 世纪初中国城镇化发展概述

城镇化是一个历史范畴，同时，它也是一个发展中的概念。中共十五届四中全会通过的《关于制定国民经济和社会发展第十个五年计划的建议》正式采用了"城镇化"一词，并将城镇化定义为农村人口不断向城镇转移，第二、三产业不断向城镇聚集，从而使城镇数量增加、城镇规模扩大的一种历史过程。[①]城镇化的发展对人类未来乃至全世界的城乡空间结构意义重大。中国的城镇化发展令世人瞩目。步入 21 世纪后，随着公共服务水平、就业能力以及人民生活水平的提升，中国城镇化发展开始进入持续快速发展阶段。

2000 年，中国加入世贸组织，极大地推进了城市社会经济的发展。在此期间，国家采取了一系列政策措施促进城镇化的发展。2001 年，国务院发布了《关于推进小城镇户籍管理制度改革的意见》，规定于 2001 年 10 月 1 日之前，全国所有的镇和县级市区，取消"农转非"指标，把蓝印户口、地方城

---

①姜爱林. 论城镇化的基本含义及其特征[J]. 大理学院学报，2003，2（6）：26－31.

镇居民户口、自理口粮户口等，统一登记为城镇常住户口，与"原住户"一致。①该文件从户籍管理上极大地提高了人口迁移的自由度。2006年，国务院发布了《关于解决农民工问题的若干意见》，提出"必须从我国国情出发，顺应工业化、城镇化的客观规律，引导农村富余劳动力向非农产业和城镇有序转移"②，进一步推动了农村人口向城市转移。此外，中央政府提出要积极稳妥推进推动城镇化发展，大中小城市和小城镇协调发展，走中国特色的城镇化道路。并于2000年发布了《中共中央、国务院关于促进小城镇健康发展的若干意见》，在《中华人民共和国国民经济和社会发展第十个五年计划纲要》中明确提出："我国推进城镇化的条件已渐成熟，要不失时机地实施城镇化战略"，"走符合我国国情、大中小城市和小城市协调发展的多样城镇化道路，逐渐形成合理的城镇体系"。③

2003年，中共十六届三中全会通过了《中共中央关于完善社会主义市场经济体制若干问题的决定》，在实现科学发展观的"五个统筹"中，将"统筹城乡发展"置于第一位。2004年，中央一号文件《中共中央、国务院关于促进农民增加收入若干政策的意见》提出，"进城就业的农民工已经成为产业工人的重要组成部分"。④2006年，国务院发布了《关于解决农民工问题的若干意见》，将解决好农民工问题作为"建设中国特色社会主义的战略任务"。⑤

2008年，为优化城镇化结构，推进城镇化进程，党中央和人民政府开始实施以破除城乡二元结构为核心，推进城乡经济社会发展一体化的战略。中共十七届三中全会通过的《中共中央关于推进农村改革发展若干重大问题的决定》，首次提出"推进户籍制度改革，放宽中小城市落户条件，使在城镇稳定就业和居住的农民有序转为城镇居民"⑥。2010年，中央一号文件《中共中

---

①中华人民共和国国务院.关于推进小城镇户籍管理制度改革的意见[Z].2001.3.19.

②中华人民共和国国务院.关于解决农民工问题的若干意见[Z].2006.3.27.

③第九届全国人民代表大会第四次会议.中华人民共和国国民经济和社会发展第十个五年计划纲要[C].2001：182—204.

④中华人民共和国国务院.中共中央、国务院关于促进农民增加收入若干政策的意见[Z].2003.12.31.

⑤中华人民共和国国务院.关于解决农民工问题的若干意见[Z].2006.3.27.

⑥中共中央关于推进农村改革发展若干重大问题的决定[M].北京：人民出版社.2008.

央国务院关于加大统筹城乡发展力度　进一步夯实农业农村发展基础的若干意见》提出，"把建设社会主义新农村和推进城镇化作为保持经济水平平稳快速发展的持久动力"。[①]

进入 21 世纪后，国家通过制定宏观政策和区域发展战略，提出以城市群作为推进城镇化发展的主体形态，建构大、中、小城市和小城镇协调发展机制，推动主体功能区和生态功能区的建设，实现城镇化可持续发展。纵观 2000—2010 年，在短短的 10 年间我国的城镇化取得了许多成效。首先，在城市（户籍）人口增长方面，改革开放以来中国常住半年以上的城镇人口数量稳步增长，在 1978—2010 年 32 年间从 1.73 亿人增长到 6.6 亿人，其中仅 2000—2010 年 10 年间的人口增长近 2 亿人。[②] 其次，在城市数量增长方面，依据国家"控制大城市，合理发展中小城市"的城市发展方针，2000 年以后，国家的行政区划趋于稳定，城市数量基本在 650—660 座，至 2010 年，中国城市数量为 654 座。[③] 从农村产业与就业结构上来说，2006 年一项统计显示，农村 4.8 亿从业人员中有近 50％的农村劳动力已经转入非农产业，农业比重缓慢下降并相对稳定在 50％～60％，林业比重缓慢提高，乡镇企业迅速发展。直至 2010 年，东部地区乡镇企业全年实现增加值 54942 亿元。[④] 从城乡人口迁移上看，人口流动方向持续呈现"中部—东部""西部—东部"的趋势，迁移的规模也持续扩大。2000—2005 年，省际迁移人口 3804 万人，迁移流人口 2039 万人，占全国 812 个省际迁移流的 53.60％，本时期的人口迁移继续向东南沿海省份集中。[⑤] 由此可见，在 2000—2010 年，受宏观政策和人口自然聚集的影响，中国的城镇化发展较为迅速，并逐渐趋向平稳、协调。

---

①中共中央国务院关于加大统筹城乡发展力度　进一步夯实农业农村发展基础的若干意见[M]. 北京：人民出版社，2009.

②国家统计局人口和就业统计司. 中国人口统计年鉴[M]. 北京：中国统计出版社，2005.

③张尚武，王雅娟. 上海与长江三角洲地区城镇空间发展关系研究[J]. 城市规划学刊，2003（5）：6—11.

④中华人民共和国农业部. 中国乡镇企业及农产品加工业年鉴[M]. 北京：中国农业出版社，2007.

⑤张立. 1980 年代以来我国区域城市化差异的演变——及其影响因素[J]. 城市规划，2010，34（5）：9—17.

二、两大"五年计划"中的城镇化发展

"十五"（2001—2005 年）计划是在中国经济全球化程度迅速加深、人均国内生产总值进入世界银行的中下收入国家标准行列、市场机制在资源配置中开始发挥基础性作用的三大背景下制定和实施的。在编制过程中，中央政府主管部门委托世界银行就中国"十五"计划和 2015 年远景规划提供政策建议。世界银行提交了包括农业、能源、经济增长、城镇化等 21 个专题报告的《中国的中期转轨问题："十五"计划若干经济发展问题的框架文件》。[①]此外，政府还专门为"十五"计划的制定设立网站，欢迎公众提出意见和建议，充分听取了各界人士的各方面意见。

"十五"计划将积极推进城镇化发展作为"十五"期间国民经济和社会发展的核心内容，并对此做出明确而具体的安排。计划指出，"城镇化水平低"是目前中国经济和社会发展中的突出问题之一，提高城镇化水平和转移农村人口，不但有利于农民增收致富，而且可以为经济发展提供广阔的市场和持久的动力，是优化城乡经济结构、提高国民经济良性循环和社会协调的重大措施。[②]因此，该计划将推进城镇化发展、调整城乡二元结构与调整产业结构、所有制结构和地区结构并列作为"十五"期间国民经济和社会发展的主要指导方针。

"十五"计划提出，"我国推进城镇化的条件已渐成熟，要不失时机地实施城镇化战略"，并要求"走符合我国国情、大中小城市和小城镇协调发展的多样化的城镇化道路，逐渐形成合理的城镇体系"，要求"有重点地发展小城镇，积极发展中小城市，完善区域性中心城市功能，发挥大城市的辐射带动作用，引导城镇密集区有序发展"。[③]计划还指出了一系列打破城乡分割体制和政策障碍的举措，如改革城镇户籍制度、取消对农村劳动力进入城镇就业的不合理限制、改革完善城镇用地制度以及改进城镇化的宏观管理等。

随着"十五"计划的落实，2005 年的时间节点上，中国城镇人口有 5.6

---

①白和金．"十五"计划时期中国经济和社会发展的若干重大问题研究［M］.北京：人民出版社，2001.

②杨娜．促进我国小城镇健康发展的对策研究［D］.长春：东北师范大学，2002.

③邓秀国，齐光环，付明彦．走中国特色的城市化道路［J］.中学文科，2004（Z2）：32－34.

亿人，城市化率达 43.0%。[①]"乡—城"迁入流的流动速度在此时明显上升，表明从农村向城镇的流动依然占据着主导地位，这也与这一时期国家层面上更加快速的城镇化进程相吻合。而同时，"城—城"迁移流也仍然保持了较高的与前期相接近的超过 35% 的占比，结合这一时期的全国性城市发展进程趋势可以判断，从中西部地区向东部沿海地区，从中心城镇向大中城市的大规模人口迁移，仍然是人口迁移中的突出现象。

结合历次人口普查和抽样调查的数据进行更为深入的分析，结果表明，人口迁移的主要影响因素也在发生着阶段性的变化。2005 年相比 1987 年最为突出的变化，就是因务工经商等原因迁移的人口比重明显上升，从约 9.3% 上升到 43.0%。如果进一步将"务工经商、工作调动和分配录用"等归为经济原因，把"分配学习、婚姻迁入、随迁家属、投靠亲友、搬迁搬家和退休退职"等归为社会原因，可以发现 20 世纪 80 年代的迁移人口中约 63.7% 是因社会原因迁移，从 20 世纪 90 年代后，经济原因逐步取代了社会原因。2005 年因经济原因迁移的人口比例上升到了 47.7%，超过了社会原因的 45.12%，成为人口迁移的动因机制。

自"十一五"（2006—2010 年）开始，国民经济和社会发展五年计划更名为五年"规划"，表明了五年计划从"指令性"向"指导性"进一步转变。"科学发展""和谐发展"是本次规划的主线，规划还提出了坚持"六个必须"原则：必须保持经济平稳较快发展，必须加快转变经济增长方式，必须提高自主创新能力，必须促进城乡区域协调发展，必须加快转变经济增长方式，必须不断深化改革开放。[②]

"十一五"规划延续了上一个五年计划所提出的大中小城市和小城镇协调发展的原则，进一步提出"要把城市群作为推进城镇化的主体形态"，"以特大城市和大城市为龙头"，增强和培育城市群的整体竞争力，形成以"若干城市群为主体，其他城市和小城镇点状分布，永久耕地和生态功能区相间隔，高效协调可持续的城镇化空间格局"。

----

①刘天慧. 城市化进程中的中国农村人口市民化问题分析[J]. 现代经济信息，2017(2).

②国家发展和改革委员会发展规划司. 国家及各地区国民经济和社会发展"十一五"规划纲要[M]. 北京：中国市场出版社，2006.

截止到 2010 年，全国第六次人口普查数据表明，中国农民工数量约为 2.6 亿人，其中跨乡镇迁移达到 1.4 亿人，[①]进城务工的农民日渐增多，从最初的"打零工"过渡到"稳定就业"与"兼职就业并存"。与此同时，农民工生活保障问题和子女教育问题引起多方关注。

三、城镇化进程中农民工子女的教育概况

中国的户籍制度和单位体制，决定了城乡居民在享受城市公共服务设施方面的差异。在 20 世纪 80 年代以前，中国城市的公共设施仅供给城市政府以及各大国有企业和事业单位，比如政府幼儿园、铁路职工疗养院和邮电局文化中心等，这些设施都是当时具有中国特色的城市生活的写照。农民工从农村进入城市的初期，由于无法获得城市户籍，在国有（营）企业中也多是临时工或合同工，因此无法享受与城市居民同等的公共服务。城市的各项法规和设施建设基本都将农民工排除在外，最典型的就是农民工子女教育问题。

2000 年以来，中国农民工人口数量急剧扩大，总量超过了 2 亿人，其背后有至少 7000 多万他们的子女，这其中包括跟随父母在他乡的 1400 多万随迁子女，5800 多万留守儿童，这些子女中有 4000 多万人的年龄是在 14 周岁以下。[②]据测算，8 个城镇儿童中就有一个是流动儿童。2001 年的《中国儿童发展纲要（2001—2010 年）》对流动儿童的就学问题提出了具体的目标要求和应采取的策略措施，它明确规定"全面普及九年义务教育，保障所有儿童受教育的权利……流动人口中的儿童基本能接受九年义务教育"[③]。2001 年的《国务院关于基础教育改革与发展的决定》强调，"要重视解决流动儿童少年接受义务教育问题，以流入地区政府管理为主，以全日制公办中小学为主，采取多种形式，依法保障流动儿童少年接受义务教育的权利"。[④]

2003 年，国务院办公厅印发了《关于做好农民工进城务工就业管理和服

---

①马红旗，陈仲常. 我国省际流动人口的特征——基于全国第六次人口普查数据[J]. 人口研究，2012，36（6）：87－99.

②《中国城镇化三十年》课题组. 中国城镇化三十年[M]. 北京：中国建筑工业出版社，2016.

③国务院妇女儿童工作委员会. 中国儿童发展纲要[J]. 中国妇运，2001（6）：13－19.

④国务院关于基础教育改革与发展的决定[M]. 北京：中国法制出版社，2001.

务工作的通知》。2003 年，国务院办公厅转发了教育部等六部门《关于进一步做好进城务工就业农民工子女义务教育工作的意见》，第一次把政策对象指向进城务工就业农民工子女。2004 年，中共中央、国务院印发了《关于进一步加强和改进未成年人思想道德建设的若干意见》，要求高度重视流动人口家庭子女的义务教育问题。2006 年，中央政府颁布了《国务院关于解决农民工问题的若干意见》，要求保障农民工子女平等接受义务教育的权利。为了实现这一目标，国务院明确提出了"两为主"的原则，即以流入地政府为主，负责农民工子女义务教育；以全日制中小学为主，接受农民工子女入学。[①]

由于农民工群体的低收入特点，针对农民工开办的民办学校，一般办学条件较差，教育质量较低。比如，北京市目前有 300 多所民办农民工子弟学校，但仅有 60 多所是经政府部门审批的合法办学。近年来，北京等城市也进行了相关改革，开始逐步允许农民工子女进入当地的公立学校就读。

2010 年，中央一号文件提出"落实以公办学校为主、以输入地为主解决好农民工子女入学问题的政策，关心农村留守儿童"，这标志着中国农民工子女教育问题已经得到国家的高度重视，但因涉及我国的根本教育制度、高考制度和户籍制度等，改革的道路还很漫长。

自 2000 年开始，我国城市化进程进一步加快，农民工子女的受教育问题凸显，这直接关系到我国经济发展、人才培养和社会稳定，引起中央和各地政府的高度重视。当前的现状表明，农民工子女受教育的需求远超于当前城市能为其提供的教育供给，如何进一步从政策和实践中解决该问题尤其值得人们深入探讨。

第二节　农民工子女教育政策文件

一、政策背景

农民工是改革开放后，特别是现阶段中国城市化发展演变过程中出现的

---

①中华人民共和国国务院．关于解决农民工问题的若干意见［Z］.2006.3.27.

一个特殊群体。在城市社会中，这一特殊群体经常处于弱势地位，其子女在接受义务教育的问题上出现了一系列的困难。

进入21世纪后，随着中国经济的持续高速发展，城市化进程不断推进，农民工规模壮大，随父母进城的农民工子女数量也达到相当庞大的规模。2000年第五次人口普查的统计结果显示：流动人口总量为1.44亿人。其中，14周岁及以下的流动儿童为1410万人，农民工子女有999万人，占流动儿童总量的70.9%。①农民工子女的大量涌入，对城市的公共教育资源和当地的教育管理形成了一定的冲击。如何维护这些农民工子女受教育的权益，使他们"有学上，上好学"，是国家亟待解决的一项重要任务。

中国政府对于农民工子女教育问题的认识始于20世纪末。改革开放后，随着农村劳动力不断向城市涌入，城市流动人口数量大幅上升，与之相伴的流动子女的受教育问题也开始受到关注。针对这一社会问题，国家教委在1996年首次印发了《城镇流动人口中适龄儿童少年就学办法（试行）》（以下简称《就学办法》）。其中并未明确提出农民工子女的概念，而是将农民工子女统一纳入流动子女的概念范围。《就学办法》指出，"城镇流动人口中适龄儿童、少年就学，应在流入地全日制小学借读为主。没有条件进入全日制中小学的，可以进入各种形式的教学班、组，接受非正规教育"。②该《就学办法》的颁布标志着政府开始关注流动人口（农民工）子女的教育问题。然而，随着经济体制改革的不断深入和城市化的不断推进，城市中的流动人口出现了新的特点，主要表现为人口群体内部结构的分化。一部分由城市向城市流动的人群成为流动人口中的上层，而农民工受其自身受教育程度和技术限制等，成为流动人口中的下层，收入低，生活质量差，其子女的教育问题也因此受限，"入学难"问题和"教育不公平"问题再次显现。如果其在教育的起点上就受到不公平的对待，那么这部分儿童极有可能在今后的发展过程中遭遇更多的不公平，这不仅对其自身发展不利，而且是对社会稳定的极大威胁。因此，农民工子女的受教育问题再次受到政府部门的关注。

---

①周一星，于海波. 对我国第五次人口普查城镇化水平的初步分析[J]. 管理世界，2001（5）：193−194.

②中华人民共和国教育委员会. 城镇流动人口中适龄儿童少年就学办法（试行）[Z]. 1996.4.2.

二、国家层面相关政策梳理

1. 2001 年：《国务院关于基础教育改革与发展的决定》

2001 年，在《国务院关于基础教育改革与发展的决定》中，对流动人口子女就学"以流入地政府管理为主和以公办中小学为主"的就学方式做出了明确规定。《国务院关于基础教育改革与发展的决定》第十二条规定："要重视解决流动人口子女接受义务教育问题，以流入地区政府管理为主，以全日制公办中小学为主，采取多种形式，依法保障流动人口子女接受义务教育的权利。"进入 21 世纪后，随着流动人口数量的急剧增长，流动人口子女接受义务教育问题变得越来越突出。针对这一问题，需要确立一种指导原则。正是由于这条规定，初步确立了解决流动人口子女义务教育问题的"两为主"政策。

"两为主"政策的颁布有助于保障农民工子女平等地接受义务教育，"以流入地区政府管理为主"的规定是保障他们平等接受义务教育权利的前提，真正落实"以流入地全日制公办中小学为主"，满足农民工子女教育需求则是保障其平等接受义务教育权利的关键。[①]

2. 2003 年：《国务院关于进一步加强农村教育工作的决定》

2003 年，在《国务院关于进一步加强农村教育工作的决定》中，除继续强调"以流入地政府管理为主和以公办中小学为主"的政策外，还首次提出了"农民工子女"的概念。《国务院关于进一步加强农村教育工作的决定》第十四条规定："城市各级政府要坚持以流入地政府管理为主、以公办中小学为主，保障农民工子女接受义务教育。"[②] 将"农民工子女"从"流动人口子女"中分离出来有着重要的意义，正是从这一时期开始，农民工子女教育问题受到了越来越广泛的关注。

---

①国务院关于基础教育改革与发展的决定[M]. 北京：中国法制出版社，2001.

②中华人民共和国国务院. 国务院关于进一步加强农村教育工作的决定[Z]. 2003.9.17.

3.2003年:《关于进一步做好进城务工就业农民子女义务教育工作的意见》

随着我国城市化进程不断加快,农民工子女义务教育问题日益突出。为贯彻落实《国务院关于进一步加强农村教育工作的决定》,2003年教育部、中央编办、公安部、发展改革委、财政部、劳动保障部六部门联合制定了《关于进一步做好进城务工就业农民工子女义务教育工作的意见》(以下简称《意见》),对农民工子女教育问题做出了新的规定。它指出:"做好农民工子女义务教育工作,是实践'三个代表'重要思想的具体表现,是贯彻落实《中华人民共和国义务教育法》,推动城市建设和发展,推进农村富余劳动力转移以及维护社会稳定的需要,是各级政府的共同责任。各级政府要以强烈的政治责任感,认真扎实地做好这项工作。"①《意见》主要包含七个方面的内容。

(1)坚持"两为主"政策。《意见》第二条指出:"进城务工就业农民流入地政府(以下简称流入地政府)负责农民工子女接受义务教育工作,以全日制公办中小学为主。地方各级政府特别是教育行政部门和全日制公办中小学要建立完善保障进城务工就业农民工子女接受义务教育的工作制度和机制,使进城务工就业农民工子女受教育环境得到明显改善,九年义务教育普及程度达到当地水平。"第四条指出:"充分发挥全日制公办中小学的接收主渠道作用。全日制公办中小学要充分挖掘潜力,尽可能多地接收进城务工就业农民工子女就学。"

(2)规定流入地政府及各职能部门的责任。《意见》第三条指出:"流入地政府要制定有关行政规章,协调有关方面,切实做好进城务工就业农民工子女接受义务教育工作。教育行政部门要将进城务工就业农民工子女义务教育工作纳入当地普及九年义务教育工作范畴和重要工作内容,指导和督促中小学认真做好接收就学和教育工作。公安部门要及时向教育行政部门提供进城务工就业农民适龄子女的有关情况。发展改革部门要将进城务工就业农民工子女义务教育纳入城市社会事业发展计划,将进城务工就业农民工子女就

---

①中华人民共和国教育部、中央机构编制委员会办公室、中华人民共和国公安部、中华人民共和国国家发展和改革委员会、中华人民共和国财政部、中华人民共和国人力资源和社会保障部.关于进一步做好进城务工就业农民工子女义务教育工作的意见[J].中国改革:农村版,2003(11):7—7.

学学校建设列入城市基础设施建设规划。财政部门要安排必要的保障经费。机构编制部门要根据接收进城务工就业农民工子女的数量，合理核定接收学校的教职工编制。劳动保障部门要加大对《禁止使用童工规定》（国令第 364号）贯彻落实情况的监督检查力度，依法查处使用童工行为。价格主管部门要与教育行政部门等指定有关收费标准并检查学校收费情况。城市人民政府的社区派出机构负责动员、组织、监督本社区进城务工就业农民依法送子女接受义务教育，对未按规定送子女接受义务教育的父母或监护人进行批评教育，并责令其尽快送子女入学。"

（3）规定流出地政府的责任。《意见》第七条指出："进城务工就业农民流出地政府要积极配合流入地政府做好外出务工就业农民子女义务教育工作。流出地政府要建立健全有关制度，做好各项服务工作，禁止在办理转学手续时向学生收取费用。建立并妥善管理好外出学生的学籍档案。在进城务工就业农民比较集中的地区，流入地政府要派出有关人员了解情况并配合流入地加强管理。外出务工就业农民工子女返回原学籍就学，当地教育行政部门要指导并督促学校及时办理入学等有关手续，禁止收取任何费用。"

（4）继续坚持"一视同仁"的原则。《意见》第四条指出："要针对这部分学生的实际，完善教学管理办法，做好教育教学工作。在评选奖励、入队入团、课外活动等方面，学校要做到进城务工就业农民工与城市学生一视同仁。学校要加强与进城务工就业农民工学生家庭联系，及时了解学生思想、学习、生活等情况，帮助他们克服心理障碍，尽快适应新的学习环境。"

（5）建立经费筹措保障机制，实行贫困生资助政策。《意见》第五条指出："建立进城务工就业农民工子女接受义务教育的经费筹措保障机制。流入地政府财政部门要对接收进城务工就业农民工子女较多的学校给予补助。城市教育费附加中要安排一部分经费，用于进城务工就业农民工子女义务教育工作。积极鼓励机关团体、企事业单位和公民个人捐款、捐物，资助家庭困难的农民工子女就学。"第六条指出："通过设立助学金、减免费用、免费提供教科书等方式，帮助家庭经济困难的进城务工就业农民工子女就学。"

（6）减轻经济负担，采取灵活的收费方式。《意见》第六条指出："采取措施，切实减轻进城务工就业农民工子女教育费用负担。流入地政府要制定进城务工就业农民工子女义务教育的收费标准，减免有关费用，做到收费与当地学生一视同仁。要根据学生家长务工就业不稳定、住所不固定的特点，制定分期收取费用的办法……对违规收费的学校，教育行政部门等要及时予以查处。"

（7）规范民办农民工子女学校的办学。《意见》第八条指出："加强对以接收进城务工就业农民工子女为主的社会力量所办学校的扶持和管理。各地要将这类学校纳入民办教育管理范畴，尽快制定审批办法和设置标准，设立条件可酌情放宽，但师资、安全、卫生等方面的要求不得降低。要对这类学校进行清理登记，符合标准的要及时予以审批；达不到标准和要求的要限期整改，到期仍达不到标准和要求的要予以取消，并妥善安排好在校学生的就学。要加强对这类学校的督导工作，规范其办学行为，促进其办学，成绩显著的要予以表彰。"

4.2003年：《关于做好农民进城务工就业管理和服务工作的通知》

第六条指出："多渠道安排农民工子女就学。要保障农民工子女接受义务教育的权利。流入地政府应采取多种形式，接收农民工子女在当地的全日制公办中小学入学，在入学条件等方面与当地学生一视同仁，不得违反国家规定乱收费，对家庭经济困难的学生要酌情减免费用。要加强对社会力量兴办的农民工子女简易学校的扶持，将其纳入当地教育发展规划和体系，统一管理。简易学校的办学标准和审批办法可适当放宽，但应消除卫生、安全等隐患，教师要取得相应任职资格。教育部门对简易学校要在师资力量、教学等方面给予指导，帮助完善办学条件，逐步规范办学，不得采取简单的关停办法，造成农民工子女失学。流入地政府要专门安排一部分经费，用于农民工子女就学工作。流出地政府要配合流入地政府安置农民工子女入学，对返回原籍就学的，当地学校应无条件接收，不得违规收费。"[①]

5.2004年：《中共中央国务院关于进一步加强和改进未成年人思想道德建设的若干意见》

第十四条指出："注意加强对成年人的思想道德教育，引导家长以良好的思想道德修养为子女做表率。要把家庭教育的情况作为评选文明职工、文明家庭的重要内容。特别要关心单亲家庭、困难家庭、流动人口家庭的未成年

---

①中华人民共和国国务院.关于做好农民进城务工就业管理和服务工作的通知[Z].2003.1.5.

子女教育，为他们提供指导和帮助。要高度重视流动人口家庭子女的义务教育问题。进城务工就业农民流入地政府要建立和完善保障农民工子女接受义务教育的工作制度和机制。流入地政府要积极配合做好各项服务工作。"① 该意见将解决农民工子女教育问题与加强和改进未成年人思想道德建设联系起来，充分表明了党中央、国务院对农民工子女义务教育工作的高度重视。

6.2006 年：《国务院关于解决农民工问题的若干意见》

第十五条指出："大力发展面向农村的职业教育。农村初、高中毕业生是我国产业工人的后备军，要把提高他们的职业技能作为职业教育的重要任务。支持各类职业技术院校扩大农村招生规模，鼓励农村初、高中毕业生接受正规职业技术教育。通过设立助学金、发放助学贷款等方式，帮助家庭困难学生完成学业。加强县级职业教育中心建设。有条件的普通中学可开设职业教育课程。加强农村职业教育师资、教材和实训基地建设。"

第二十一条指出："保障农民工子女平等接受义务教育。输入地政府要承担起农民工同住子女义务教育的责任，将农民工子女义务教育纳入当地教育发展规划，列入教育经费预算，以全日制公办中小学为主接收农民工子女入学，并按照实际在校人数拨付学校公用经费。城市公办学校对农民工子女接受义务教育要与当地学生在收费、管理等方面同等对待，不得违反国家规定向农民工子女加收借读费及其他任何费用。输入地政府对委托承担农民工子女义务教育的民办学校，要在办学经费、师资培训等方面给予支持和指导，提高办学质量。输出地政府要解决好农民工托留在农村子女的教育问题。"②

7.2006 年：《中华人民共和国义务教育法》

新的义务教育法第一款规定："适龄儿童、少年免试入学。地方各级人民政府应当保障适龄儿童、少年在户籍所在地学校就近入学。"第二款规定："父母或者其他法定监护人在非户籍所在地工作或居住的适龄儿童、少年，在其父母或者其他法定监护人工作或者居住地接受义务教育的，当地人民政府应当为其提供平等接受义务教育的条件。具体办法由省、自治区、直辖市

---

①中华人民共和国国务院. 中共中央国务院关于进一步加强和改进未成年人思想道德建设的若干意见［Z］. 2004.2.26.

②中华人民共和国国务院. 国务院关于解决农民工问题的若干意见［Z］.2006.3.27.

规定。"①

8.2008 年：《国务院关于做好免除城市义务教育阶段学生学杂费工作的通知》

第二条指出："切实解决好进城务工人员随迁子女就学问题。进城务工人员随迁子女接受义务教育要以流入地为主、公办学校为主解决。地方各级人民政府要将进城务工人员随迁子女义务教育纳入公共教育体系，根据进城务工人员随迁子女流入的数量、分布和变化趋势等情况，合理规划学校布局和发展。对符合当地政府规定接收条件的进城务工人员随迁子女，要按照相对就近入学的原则统筹安排在公办学校就读，免除学杂费，不收借读费。地方各级人民政府要按照预算内生均公用经费标准和实际接收人数，对接收进城务工人员随迁子女的公办学校足额拨付教育经费。对接收进城务工人员随迁子女较多、现有教育资源不足的地区，政府要加大教育资源统筹力度，采取切实有效措施，改善学校办学条件，加大对校长和教师配备工作的支持力度，保证学校教育教学的基本需要。中央财政将对进城务工农民工随迁子女接受义务教育问题解决较好的省份给予适当奖励。"②

三、省、市层面相关政策梳理

1.2002 年：《北京市对流动人口中适龄少年儿童实施义务教育的暂行办法》

第一条指出："本市流动人口中凡随父母来京，年龄在 6 至 15 周岁，未完成九年义务教育的儿童少年（以下简称流动儿童少年），都应当入学接受义务教育。各级政府和有关部门应当创造条件，采取多种形式，依法保障流动儿童少年接受义务教育的权利。流动儿童少年中凡在户籍所在地有监护条件的，应当回户籍所在地接受义务教育；户籍所在地没有监护条件，且其父母在北京居住半年以上并已取得暂住证的，可以申请在本市中小学借读，接受义务教育。"

---

①中华人民共和国义务教育法[M].北京：法律出版社，1986.
②中华人民共和国国务院.国务院关于做好免除城市义务教育阶段学生学杂费工作的通知（国发〔2008〕25 号）[J].山西政报，2008（17）：10—12.

第三条指出："教育行政部门应将流动儿童少年就学纳入教育工作计划，统筹安排并采取措施为流动儿童少年就学创造条件。本市实施义务教育的学校应当接纳符合本办法规定的流动儿童少年入学就读。"

第五条指出："流动儿童少年因特殊原因需延缓或免予入学的，可由其父母向暂住地所在的街道办事处或乡（镇）人民政府提出申请并提交有关证明，经批准可延缓或免予入学。"

"对流动人口中不按本办法规定送子女接受义务教育的，由暂住地所在的街道办事处或乡（镇）人民政府对其进行批评教育，并采取措施责令其送子女入学。拒不执行的，按照《北京市实施〈中华人民共和国义务教育法〉办法》的规定予以处罚。"

第六条指出："流动儿童少年符合在本市借读条件的，由其父母持申请借读者户籍所在地乡（镇）级人民政府出具的该儿童、少年及其父母的户籍证明；其父母的身份证、在本市的暂住证和外来人员就业证等证明材料向暂住地所在的街道办事处或乡（镇）人民政府提出申请，上述主管部门经核准同意后，为其开具'在京借读批准书'。流动儿童少年可持'在京借读批准书'和原就读学校出具的学籍证明，到暂住地附近学校联系借读，经学校同意后即可入学。暂住地附近学校接收有困难的，可报请暂住地区县教育行政部门予以协调解决。"

第七条指出："流动儿童少年在本市公办中小学借读，学校可按照有关规定向其收取借读费和相应的杂费。对家庭确有困难的学生，学校应酌情准予缓交或减免借读费。具体标准和办法，可参照《北京市中小学学杂费减免办法》执行。"

第八条指出："对在本市学校中借读的流动儿童少年学生按照市教育行政部门有关借读生管理规定进行管理，并健全借读手续。各级教育行政部门和学校应当维护流动儿童少年学生在学校的正当权益，在接受教育、参加团队组织、评优选先、参与文体等各项活动及实行奖励处分等方面与本市学生同等对待。"

第十条指出："在流动人口比较集中的地区，有关社会组织和公民个人可以参照本市的办学条件标准，在报经区县教育行政部门审核批准后，举办专

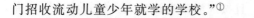

门招收流动儿童少年就学的学校。"①

2.2002 年：《天津市关于进一步做好进城务工就业农民子女义务教育工作的意见》

第四条规定："农民工子女按规定到教育行政部门指定的公办学校就读，其缴纳费用按照《关于在政府举办义务教育阶段实行'一费制'收费办法的通知》的规定与本市学生相同，除此之外，学校不得再收取借读费和其他形式的赞助费。对于择校入学者，其教育收费与本市居民子女同等对待。"

第五条指出："农民工子女是指 6 至 15 周岁未完成义务教育、随父母在我市暂时居住的儿童、少年。农民工子女到我市义务教育中小学校就读，须持有本市临时居住证。凡符合以上条件，均可向居住地所属区县教育局提出申请，经审核批准后，到指定的公办中小学办理入学手续。"

第七条指出："学校不得将农民工子女单独编班。"②

3.2004 年：《上海市关于切实做好进城务工就业农民子女义务教育工作的意见》

第三条指出："凡持有流出地政府开具的证明，证实其确属进城务工就业农民，并由本市有关部门和单位证明其确实在本市务工就业、有合法固定住所并居住满一定时间的，可到暂住地所属区（县）教育部门或乡镇政府为其子女提出接受义务教育的就学申请。凡符合规定就学条件的，有关部门应准予其到相应的学校办理入学事项。"③

4.2004 年：《海南省关于做好进城务工就业农民子女义务教育工作的实施意见》

第二条指出："进城务工就业农民子女必须同时满足四个条件：本人及其父母属农村户籍；属九年义务教育适龄儿童、少年；随父、母或其他法定监护人进城且在户籍所在地没有监护条件；父、母或其他法定监护人在县、市

①北京市教育委员会．北京市对流动人口中适龄少年儿童实施义务教育的暂行办法[Z].2002.7.2.

②天津市教育委员会．天津市关于进一步做好进城务工就业农民工子女义务教育工作的意见[Z].2002.

③上海市教育委员会．上海市关于切实做好进城务工就业农民工子女义务教育工作的意见[Z].2004.2.10.

（区）政府所在地务工就业半年以上，且按《海南省流动人口管理办法》办理暂住证或按《海南省流动人口暂住 IC 卡管理办法》办理暂住 IC 卡，不属于办证（卡）范围的，须有申报暂住登记。"

第三条指出："各市、县财政部门要安排必要的保障经费。对进城务工就业农民子女接受义务教育的公用经费要按照有关拨款标准列入年度预算，并及时拨款。"

第四条指出："市、县教育行政部门要按就近入学的原则，划定接收进城务工就业农民子女就读学校范围。"①

5.2006 年：《云南省进城务工农民工子女在城市义务教育阶段学校就读工作指导意见》

第二条指出："进城务工就业农民有子女需接受义务教育的，凭暂住证、房产证、劳动用工合同、房屋租赁合同、流出地户口册、身份证等有效证明，在规定时间内向居住地有关部门提出申请，也可自行联系学校。农民进入城镇务工就业 1 年以上（含 1 年），其子女确需在流入地接受义务教育的以及转学学生，由流入地负责安排就学。"

第四条规定："要严格执行借读费标准，严禁随意或变相增加收费项目，提高收费标准。有条件的地方，要逐步减、免农民工子女就学的借读费。"②

6.2004 年：《湖南省进城务工就业农民子女接受义务教育实施办法》

第七条指出："进城务工就业农民子女要求在流入地就学，由其父母或监护人持户籍所在地户籍证明和身份证、在流入地的暂住证、外来人员就业证和原就读学校出具的学籍证明等材料向流入地政府行政部门提出申请。"

第十条规定："进城务工就业农民子女与当地学生实行同一收费标准。流入地政府和学校不得以任何理由和名义向学生家长收取'借读费'和与就学挂钩的'赞助费''捐资助学费''共建费'等。"③

---

① 海南省人民政府办公厅. 海南省关于做好进城务工就业农民子女义务教育工作的实施意见[Z]. 2004.3.26.

② 云南省人民政府办公厅. 云南省进城务工农民工子女在城市义务教育阶段学校就读工作指导意见[Z].

③ 湖南省人民政府办公厅. 湖南省进城务工就业农民子女接受义务教育实施办法[Z]. 2004.2.14.

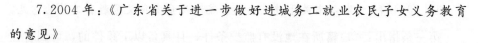

7. 2004 年：《广东省关于进一步做好进城务工就业农民子女义务教育的意见》

第二条指出："凡是在我省居住半年以上、有固定住址、有固定工作和收入来源的流动人口，应列入在流入地接受义务教育范围。流动人员在同一市、县暂住 5 年以上，有合法就业或经营证明、计划生育证明的，其子女入学与常住人口同等待遇。"

第三条指出："对在流入地接受完九年义务教育的，由当地教育行政部门发给相应的义务教育证书或证明，并可在流入地参加中考，按当地的招生政策进入高中阶段学习。"①

8. 2003 年：《湖北省保障流动人口适龄子女接受义务教育暂行办法》

第一条指出："凡父母双方均在暂住地登记暂住户口并办理了暂住证的，其适龄子女可以申请在暂住地区中小学接受九年义务教育，暂住地县级以上教育行政部门应当及时安排。"

第四条指出："流动人口适龄子女符合第一条规定的，应持父母身份证、暂住地公办部门办理的暂住证和原就读学校出具的学籍证明，向暂住地所在县（市、区）人民政府教育行政部门提出申请，由暂住地县（市、区）教育行政部门核准同意后，就近到指定的全日制公办中小学就读。"

第六条指出："学校应将流动人口适龄子女与当地常住户口的学生混合编班。"②

9. 2004 年：《陕西省关于进一步做好进城务工就业农民子女义务教育工作的意见》

第三条指出："进城务工就业农民子女到公办学校就读，应出具父母双方在暂住地公安派出所办理的暂住证明、经原籍和暂住地的县（区）教育局审查过的借读（或转学）申请和学籍档案（小学一年级除外）。"③

---

①广东省人民政府办公厅．广东省关于进一步做好进城务工就业农民子女义务教育的意见[Z]．2004.7.6.

②湖北省人民政府办公厅．湖北省保障流动人口适龄子女接受义务教育暂行办法[Z]．2003.4.3.

③陕西省人民政府办公厅．陕西省关于进一步做好进城务工就业农民子女义务教育工作的意见[Z]．2004.

10. 2004 年：《浙江省关于进一步做好流动儿童少年义务教育工作的意见》

第三条指出："户籍所在地没有监护条件，且具备以下条件的，可到暂住地县级教育行政部门或乡（镇）街道统筹安排的学校提出接受义务教育的就学申请：一是其父母或其他法定监护人在暂住地已取得暂住证并暂住 1 年以上；二是其父母无违反计划生育政策，并持有当年度《流动人口婚育证明》。"[①]

11. 2004 年：《广西壮族自治区关于进一步做好农民工子女义务教育工作的若干意见》

第二条指出："将农民工子女义务教育经费纳入教育经费预算，并按当地财政预算内义务教育经费标准，向接收农民工子女的公办学校拨付办学经费。""对于接收进城农民工子女的公办中小学校，各级教育行政部门在当地政府的领导下，要严格落实国发〔2006〕5 号文件关于'按照实际在校人数拨付学校公用经费'的规定，同时对这部分学校的校舍建设、设备添置、师资配置和经费拨付等方面适当倾斜，使其更好地接收进城农民工子女入学。"[②]

12. 2015 年：《西藏自治区关于进一步做好农民工子女义务教育工作的若干意见》

第五条指出："在公办中小学就读的进城务工人员子女，财政要按我区中小学生均公用经费标准核拨公用经费。"

综上，在国家政策的引导下，各地政府也相继出台了保障农民工子女受教育权利的政策、法规，涉及政府职责、入学条件、经费、农民工子女学校建设等多个方面，使得有法可依，有策可循，从而最大限度地保证了我国各省市地区解决农民工子女的受教育问题，为实践提供保障。

---

①浙江省人民政府办公厅.浙江省关于进一步做好流动儿童少年义务教育工作的意见[Z].2004.11.16.

②南宁市人民政府办公厅.广西壮族自治区关于进一步做好农民工子女义务教育工作的若干意见[Z].2004.7.12.

第三节　农民工子女教育问题的现状调查

教育是民族振兴的基石，教育公平是社会公平的重要基础。进入 21 世纪后，农民工大规模流入城市，保障其子女平等接受义务教育的权利成为实现教育公平的重要组成部分，也是实现社会公平的重要保障。2000—2010 年，国家"两为主"政策已在各地得到深入贯彻，新修订的《义务教育法》也为保障农民工子女在流入地接受义务教育的权利做了明确的规定。在这一大背景下，农民工子女是否能在政策的主导下顺利入学，在学校是否能"学得进，学得好"，家庭是否能为农民工子女的教育提供相关条件，其他社会资源在农民工子女教育中起到的作用如何，这些已然成为政府和社会各界日益关注的问题。

一、我国部分地区农民工子女学前教育阶段现状结果分析

随着改革开放政策的深化，大量农村富余劳动力涌入城市，而这些农民工子女教育问题也受到各方关注。其中，对非义务教育阶段的学前教育问题因缺乏政策和法规的管理，成为学者关注的一个重点。南京师范大学的学者王玲艳、方建华曾对南京地区 3—6 岁农民工子女的受教育现状进行了调查。结果表明，被调查的农民工子女有一半到年龄却未入园，其中，3 岁儿童均未入园，4 岁幼儿入园率仅有 25%，5 岁儿童的入园率为 77.27%。[1]影响农民工子女入园的一个主要原因是家长认为幼儿年龄太小，在幼儿园里学不到东西，家庭教育经费也十分紧张。在入园的性别中可以看出，注册入园的男性幼儿数量高出女性的两成以上，可见，在经济条件允许的条件下，父母重男轻女的观念促使男性更早地进入幼儿园接受教育。在选择幼儿园方面，农民工多为其子女选择附属于农民工小学的学前班和未注册的幼儿园，幼儿园等级越低，收费相对也越低，这是农民工择园的重要原因之一。但调查中发现，农

---

①方建华，王玲艳. 南京地区 3~6 岁农民工子女受教育现状调查[J]. 当代学前教育，2007（4）.

民工选择的幼儿园卫生生活设施都比较匮乏、玩具数量不足且质量不佳、教师水平参差不齐。这些对农民工子女的教育都极为不利，令研究者堪忧。

此外，也有学者针对 3—6 岁农民工子女的教育意向进行了调查分析。结果显示，农民工对其子女是否入园持有矛盾心态，既对子女的教育抱有极大期望，又因自身工作不稳定、收入微薄、城市幼儿园收费颇高以及家庭子女众多等因素，多数家长未能果断送孩子及时入园。在幼儿园选择上，也是为图方便尽量选择距离工作或居住地较近、收费较低的园所。在对幼儿园教学内容方面，多数农民工表示，希望孩子在幼儿园学习如汉字、拼音、加减法等能为小学学习做准备的内容，不希望只是送去玩乐而已。[①]针对该问题，研究者也提出了相关的建议，如建立 3—6 岁农民工子女补偿制度，各级政府制定相关政策等。2010 年，学者庄甜甜、王奕君对上海市流动儿童学前教育社会支持系统的现状进行了调查。调查显示，截至 2010 年，上海市政府已将流动儿童的学前教育纳入上海市教育体系中，并且正在积极研究出台相关政策，支持社会力量举办针对流动儿童的学前教育机构。而作为支持流动儿童学前教育的群体系统——幼儿园，在总数量上，还未能完全满足全市流动儿童的学前教育需要。[②]

除此之外，也有学者对学龄前农民工子女的心理健康问题进行了调查研究。结果表示，大部分农民工子女在入园后能与教师、同伴相处愉快，并能较快地适应环境。但也有部分农民工子女存在一些令人担忧的心理问题，如注意力不集中，学习上有困难；自信心相对不足，自我效能感有待加强；交往能力较弱，有明显的孤独感等。[③] 针对此情况，研究者提出要重视学龄前农民工子女的心理健康，通过各种途径帮助其建设健康的心理，提高农民工子女的社交能力，引导其正确评价自我。

[①]王玲艳 . 3~6 岁农民工子女家长的教育意向分析[J]. 幼儿教育：教育科学，2007 (12)：13—16.

[②]庄甜甜，王奕君 . 上海流动儿童学前教育社会支持系统的现状与改进[J]. 学前教育研究，2010 (3)：24—27.

[③]欧阳岚 . 学龄前城市流动儿童的心理健康教育[J]. 学前教育研究，2008 (1)：69—71.

二、我国部分地区农民工子女义务教育阶段现状结果分析

（一）农民工子女学校教育现状分析

在2000—2010年，全国对农民工子女义务教育阶段的教育问题展开了大量的调查。其中，比较有代表性的是中央教育科学研究所关于全国12个城市的对农民工子女学校教育的现状调查。

2007年，中央教育科学研究所"农民工子女教育问题研究"课题组对全国12城市农民工子女教育问题进行了调查研究。该研究采用问卷调查和访谈的方法，对包括上海、北京等A类城市（义务教育段农民工子女数30万人以上）、杭州、无锡、成都等B类城市（义务教育段农民工子女数10万～30万人）、郑州、石家庄、乌鲁木齐等C类城市（义务教育段农民工子女数10万人以下）中的66所中小学，共5806名学生和家长、2477名教师进行了调查。

调查发现，在政策与管理方面：①目前在农民工子女进入公办学校的准入条件上，设立条件最多的城市为上海市，需要提供暂住证、实际居住证明、就业证明、流出地出具的进城务工证明、监护人身份证、养老保险以及户籍所在地出具的当地监护条件证明等7项；设立条件最少的城市为沈阳市，仅要求出具监护人身份证一项。②北京、无锡、杭州、成都、乌鲁木齐以及沈阳6个城市明确提出了公办学校免收借读费的政策。③北京、无锡、杭州、沈阳4个城市明确提出应按学生实际人数向接收农民工子女的公办学校拨付生均公用经费。④与公办学校相比，民办农民工子女学校的校舍总体状况较差，校园面积和校舍占地面积明显不足，且班额也大于公办学校。⑤公办学校师资水平和待遇明显好于民办农民工子女学校，且中等规模城市的师资水平相对较好。⑥民办农民工子女学校在教学设备、图书的经费投入上明显较差，未获准民办农民工子女学校最差。

在农民工子女发展现状方面：①公办学校就读的农民工子女在学习成绩的自我评价方面，与当地学生无显著差异，但与民办农民工子女学校的学生差异显著，即公办学校的农民工子女在对学习成绩的自我评价上比民办农民工子女学校的农民工子女高。②公办学校的农民工子女在学习态度上（如按时完成作业、经常到图书馆读书、按时上学等），与当地学生无显著差异，但在经常到图书馆读书、按时上学方面，公办学校的农民工子女与获准民办农

民工子女学校和未获准民办农民工子女学校的农民工子女有显著差异。③在主观幸福感上，公办学校的农民工子女与当地学生无显著差异，但与民办农民工子女学校的农民工子女差异显著。④在情绪调控能力上，公办学校的农民工子女与当地学生无显著差异，但与民办农民工子女学校的农民工子女差异显著。⑤在行为问题（不良行为）上，公办学校的农民工子女与当地学生无显著差异，但与民办农民工子女学校农民工子女差异显著。公办学校的农民工子女在心理发展上皆优于民办学校的农民工子女发展。民办农民工子女学校的农民工子女主观感受到幸福的程度较低，出现了较多的情绪问题、行为问题和人际交往问题，其自我调控情绪的能力、自尊水平和对社会支持和利用程度较低。

同时，调查也指出了当前这 12 个城市在农民工子女教育方面存在的问题是：①农民工子女学籍管理混乱。②民办农民工子女学校的教师来源复杂、学历偏低，流动频繁。③与接收农民工子女的公办学校相比，在管理者素质和学校必要的设施设备方面，民办农民工子女学校存在明显不足。④民办农民工子女学校审批标准过高，造成未获准农民工子女学校数量多，且监管困难。⑤公办学校入学门槛的标准难以制定。⑥目前被调研城市公办学校的接收能力已近饱和，无法接纳更多农民工子女，且农民工子女的增长趋势又有不可预测性，一旦部分学生返回流出地或去往他处，就会造成教育资源的严重浪费。⑦流出地政府在农民工子女教育问题上责任不明确、不具体等。除政府管理方面的问题外，还存在诸如农民工子女的家庭学习环境不如当地学生，农民工家长对子女学习的关注度和家庭教育均不如当地学生家长等问题，北京、上海、广州等城市农民工家长对子女学习的关注度和家庭教育最为薄弱，这些外部环境问题直接或间接地影响着农民工子女的教育结果。

根据调查结果，研究者提出了相关的意见和建议，如各级政府要长远地看待流动人口以及农民工子女问题，人口流出地和欠发达地区的农民工子女教育问题应得到关注，中央要设立农民工子女教育专项资金，落实农民工子女教育经费的国家责任，要充分认识心理辅导的重要作用，给学校配备专业心理辅导教师，加强心理辅导等。

（二）农民工子女家庭教育现状分析

除学校教育外，农民工子女家庭教育的问题也成为各界学者关注的热点问题。赵娟在2003年对南京市农民工子女家庭教育的现状进行调查时发现，由于受经济条件限制，多数农民工无钱置房，其子女多蜗居在"没有书桌没有台灯的角落里学习"。[①]超过半数的家庭表示，孩子的教育费用令家庭的经济负担加重，其中昂贵的赞助费用更是让家长感到无力承担。但由于农民工家长认为子女读书是"跃龙门"的机会，所以绝大部分家长会节衣缩食以保证孩子基础教育的费用。在这些费用的使用上，除不得不缴纳的学费、赞助费外，其他费用多用于"课外读物（可能包括辅导用书）"和"校内课外补习班"。在家庭教养方式方面，调查表明多数家庭对子女只养不教，属于放任型、专制型和溺爱型。超过70%的家长表示很少检查孩子的作业，近20%的家长表示对孩子的教育和学习基本采取放任自流、不闻不问的态度。在问及原因时，家长表示，既然他们向学校交付了高额的教育费用，孩子的教育就应该由学校负责，家长只需要提供吃喝温饱；也有部分家长表示，自己受教育水平低，无力为孩子的学习提供帮助。

针对于此，调查者提出"建立家庭—学校—社区的教育模式，即家长示范、学校指导、社区协助"，推进解决农民工子女的教育问题。

在前人的研究基础上，学者王丹阳对杭州市下城区的农民工子女的家庭教育进行了调查。结果显示，大部分家长对孩子的学习情况"有点清楚""有点了解"，对孩子的兴趣爱好，他们也表示"有点清楚"。[②]相较之下，农民工家长更为关注孩子的学习，也有部分家长表示对子女学习外的特长爱好给予支持。在沟通时间上，大部分父母与孩子每天平均交流的时间低于30分钟，交流的局限性给家长了解孩子、参与孩子的教育带来了不便。就整体而言，农民工家长与孩子学校教师的联系较少，超过半数的家长表示未曾主动与教师联系过。在家庭的教育中，以"迁就溺爱""打骂惩罚"等不良教育方式为主。其中，也有家长常用"诱导、表扬"来教育孩子，但"诱导的奖励"多为钱财、物质。在对农民工子女的调查中发现，近半数人谈起家庭教育时态度消极，常用"我们的烦恼是爸爸妈妈不理解我们""考不好回家会挨打"等

①赵娟.南京市流动人口子女家庭教育的现状调查[J].上海教育科研，2003（8）：39—41.

②王丹阳.外来务工人口子女家庭教育调查报告——以对杭州市下城区××小学的调查为例[J].新余学院学报，2007，12（4）：68—70.

言论表示亲子关系。

除此之外，学者张翠娥也对武汉市流动儿童（包括农民工子女）的家庭教育现状进行了调查，除了解家庭基本情况、家庭教育的方法以及经费投入外，还通过问卷、访谈等形式了解家庭教育的信息来源和教育决策、教育效果等。结果表明，尽管家长都认为家庭教育非常重要，但了解的途径十分有限。有近七成的家长表示对孩子的教育经验皆传于祖辈，较少参加相关家庭教育的讲座、报告等学习活动。在家庭决策中可以明显发现母亲是主要决策人，父亲较少参与孩子的学习与教育活动。与其他研究结果相同，在教育观念的调查中发现，大部分农民工子女的教育观有所偏颇，一致认为"只要孩子学习好，其他方面都是次要的""只要能让孩子学习好，自己缩衣节食为孩子多花些钱也无所谓"。[①] 同时，该研究还指出家庭教育中的几大困难，如家长没有时间、缺乏有效方法、经济困难、知识水平不够等。

三、我国部分地区农民工子女高中或职业教育阶段调查分析

在流动人口变动趋势的影响下，流动人口子女，尤其是农民工子女在完成义务教育后接受继续教育的人数量少、质量不高的问题凸显，并得到了众多学者的关注和研究。其中，学者杨东平、王旗对北京市农民工子女初中后的教育意向进行了研究。结果表明，有近四成的农民工子女选择回乡中考后继续就读高中，有三成的农民工子女表示希望就读职业学校，也有部分农民工子女表示想要直接找工作挣钱。[②] 选择职业教育的农民工子女多倾向于选择教育年限短、学制灵活的学习。在调查中发现，多数农民工子女对职业学校开设的专业不够满意，因此，学制和时间便成为其选择职业学校的重要原因。希望直接就业的农民工子女在职业选择中偏向以白领和灰领为主，如计算机、网络技术、修理和酒店服务等。

针对以上问题，学者吴晓燕对农民工子女初中后的教育问题进行了研究。吴晓燕以上海为例，提出解决在沪农民工子女的初中后教育的路径。研究提出"有条件，分步走"的策略：第一步，先主要开放职业高中，有条件地少

---

①张翠娥. 武汉市流动儿童家庭教育调查报告[J]. 当代青年研究，2004（5）：52—56.
②杨东平，王旗. 北京市农民工子女初中后教育研究[J]. 北京社会科学，2009（1）：49—54.

量开放普通高中；第二步，在保持职业高中开放力度的同时，进一步开放普通高中的条件限制；第三步，尽量将本市初中后教育全部开放。[①]

　　综上可见，国内学者对农民工子女的教育问题颇为关注，其研究的阶段不仅聚焦于义务教育，同时也涉及非义务教育阶段中的学前教育和高中教育、职业教育。其研究的视角也各有不同，包括学校教育、家庭教育及社会教育，为全面了解我国农民工子女的教育现状奠定了基础。但也不难发现，众多研究多着眼于义务教育阶段的学校教育，对学前和初中后期的农民工子女教育问题关注度不高，对家庭教育和社会教育了解不深，不利于更为深入地探讨农民工子女的教育问题。

①吴晓燕.上海流动人口子女初中后教育问题研究[D].上海：华东师范大学，2009.

第五章　2010—2018 年农民工子女教育的发展

第一节　社会发展背景

一、社会的城镇化发展

根据国家统计局数据，自 2010 年以来，我国城镇化水平持续提高。到 2016 年末，我国常住人口城镇化率已经达到 57.4%，比 2012 年末提高 4.8 个百分点，户籍人口城镇化率与常住人口城镇化率的差距缩小 1.4 个百分点。至 2015 年末，地级以上城市户籍人口 44639 万人，比 2012 年末增加 4321 万人，年平均增长率为 3.5%，远高于同期全国 5‰左右的人口自然增长率。[①] 2016 年，我国城镇化率提高幅度虽然比 2015 年有所回落，但仍大体保持过去多年的提高幅度，城镇化进程继续保持旺盛势头。按照常住人口计算，2016 年城镇人口比 2015 年增加 2182 万人，农村人口减少 1373 万人，农村向城镇转移的人口仍比较多。[②]

[①] 国家统计局. 城镇化水平持续提高，城市综合实力显著增强——党的十八大以来经济社会发展成就系列之九［EB/OL］. http：//www. stats. gov. cn/tjsj/sjjd/201707/t20170711 _ 1511794. html.

[②] 国家统计局.《2016 年统计公报》评读［EB/OL］. http：//www. stats. gov. cn/tjsj/sjjd/201702/t20170228 _ 1467357. html.

未来我国人口流动将仍然活跃，人口集聚进一步增强。预计2016—2030年，农村向城镇累计转移人口约2亿人，转移势头有所减弱，城镇化水平将持续提高。以"瑷珲—腾冲线"为界的全国人口分布基本格局保持不变，但人口将持续向沿江、沿海、铁路沿线地区聚集，城市群人口集聚度加大。①

二、经济的发展

总体来说，近十年来，我国经济运行呈现总体平稳、稳中有进、稳中向好的发展态势，具体体现在：

（一）经济增长质量提高

2016年，我国国内生产总值达到74427亿元，比2015年增长6.7%，这一增长速度虽然比2015年有所回落，但国内生产总值以2015年不变价计算的增量达4.6万亿元，国民总收入增长6.9%，加快0.6个百分点，这说明收入增速并没有因生产增速的回落而放慢，整个社会还是得到了实惠。

（二）就业人员保持稳定增加

2016年末，全国就业人员77603万人，比2015年末增加了152万人，就业保持了基本稳定的态势。从城乡看，就业增量主要集中在城镇，年末城镇就业人员41428万人，净增加了1018万人；从产业看，就业主要集中在第三产业，第三产业不仅增长快，而且吸纳就业密度高，第三产业的较快增长一定会带来更多就业岗位；从所有制看，个体和私营经济是吸纳就业增量的主要力量，随着大众创业、万众创新工作的推动，个体和私营经济得到较快发展，吸纳了较多的就业人员，全年城镇新增就业1314万人，连续4年保持在1300万人以上。

（三）居民收入持续较快增长

2013—2016年，我国居民人均可支配收入与人均GDP实际增速虽有所放缓，但总体较高。2016年，全国居民人均可支配收入与2010年相比实际增长62.6%，为2020年实现居民收入比2010年翻番的目标打下了坚实基础。在未来4年内，只要居民收入年均实际增速在5.3%以上，到2020年，居民收

---

① 中华人民共和国国务院．国务院关于印发国家人口发展规划（2016—2030年）的通知[EB/OL]．http://www.gov.cn/zhengce/content/2017—01/25/content_5163309.htm.

入比 2010 年翻番的目标就可实现。[①]

（四）收入差距持续缩小

收入差距的缩小主要体现在两方面：一是城乡收入差距持续缩小。2016年，城镇居民人均可支配收入 33616 元，比 2012 年增长 39.3%，实际增长28.6%，年均实际增长 6.5%。2016 年，农村居民人均可支配收入 12363 元，比 2012 年增长 47.4%，实际增长 36.3%，年均实际增长 8.0%。农村居民人均可支配收入年均实际增速快于城镇居民收入增速 1.5 个百分点。2016 年，城乡居民人均可支配收入之比为 2.72（农村居民收入＝1），比 2012 年下降0.16。二是地区差距不断缩小。自 2012 年以来，西部地区居民人均可支配收入年均增速为 10.3%，比中部地区高 0.4 个百分点，比东部地区高 0.9 个百分点，比东北地区高 1.8 个百分点。2016 年，东部地区与西部地区居民人均收入之比为 1.67（西部地区居民收入＝1），中部地区与西部地区居民人均收入之比为 1.09，东北地区与西部地区居民人均收入之比为 1.21。东部与西部、中部与西部、东北地区与西部收入相对差距分别比 2012 年缩小 0.06、0.02、0.08。

三、对农民工的需求

社会城镇化和国民经济的快速发展，吸引了越来越多的农民进城务工，城市对农民工的需求以及农民工流动也呈现了新时期的特征。

就农民工总量而言，农民工总量继续增加，增量主要来自本地农民工，2016 年农民工总量达到 28171 万人，比 2015 年增加 424 万人，增长 1.5%，增速比 2015 年加快 0.2 个百分点。其中，本地农民工 11237 万人，比 2015 年增加 374 万人，增长 3.4%，增速比 2015 年加快 0.7 个百分点；外出农民工16934 万人，比 2015 年增加 50 万人，增长 0.3%，增速较 2015 年回落 0.1 个百分点。本地农民工增量占新增农民工的 88.2%。在外出农民工中，进城农

---

①国家统计局．居民收入持续较快增长，人民生活质量不断提高——党的十八大以来经济社会发展成就系列之七［EB/OL］．http：//www.stats.gov.cn/tjsj/sjjd/201707/t20170706_1510401.html.

民工 13585 万人，比 2015 年减少 157 万人，下降 1.1％。[①]

就各地区农民工数量而言，西部地区农民工人数增长最快，吸纳能力逐步增强。从输出地看，东部地区农民工 10400 万人，比 2015 年增加 100 万人，增长 1％，占农民工总量的 36.9％；中部地区农民工 9279 万人，比 2015 年增加 105 万人，增长 1.1％，占农民工总量的 32.9％；其农民工 7563 万人，比 2015 年增加 185 万人，增长 2.5％，占农民工总量的 26.9％；东北地区农民工 929 万人，比 2015 年增加 34 万人，增长 3.8％，占农民工总量的 3.3％。总体而言，西部地区农民工增速快于其他地区，西部地区农民工增量占新增农民工的 43.6％。然而，尽管全国农民工总量不断增加，但在 2011—2016 年，外出农民工增速呈逐年回落趋势，增速分别为 3.4％、3％、1.7％、1.3％、0.4％和 0.3％。外出农民工占农民工总量的比重也由 2011 年的 62.8％逐渐下降到 2016 年的 60.1％，跨省流动的农民工数量继续减少。

除此之外，近年来农民工从事的行业也开始出现了变化，从事制造业和建筑业的农民工比重下降明显。具体来说，从事第二产业的农民工比重为 52.9％，比 2015 年下降 2.2 个百分点。其中，从事制造业的农民工比重 30.5％，比 2015 年下降 0.6 个百分点；从事建筑业的农民工比重为 19.7％，比 2015 年下降 1.4 个百分点。从事第三产业的农民工比重为 46.7％，比 2015 年提高 2.2 个百分点。其中，从事批发和零售业的农民工比重为 12.3％，比 2015 年提高 0.4 个百分点；从事居民服务、修理和其他服务业的农民工比重为 11.1％，比 2015 年提高 0.5 个百分点。

四、随迁子女的家庭变化

在农民工人数规模不断增大的同时，其流动迁移模式也发生了明显的变化，即由最初的"单身进城"逐步转变成"举家迁徙"，出现"家庭化"的流动趋势。具体体现在女性农民工占比继续提高，有配偶的占比提高。在全部农民工中，男性占 65.5％，女性占 34.5％。其中，外出农民工中男性占 68.3％，女性占 31.7％，农民工中女性占比比 2015 年提高 0.9 个百分点；在

[①] 国家统计局.2016 年农民工监测调查报告［EB/OL］.http：//www.stats.gov.cn/tjsj/zxfb/201704/t20170428_1489334.html.

全部农民工中，未婚的占 19.8%，比 2015 年下降 1.4 个百分点；有配偶的占 77.9%，比 2015 年提高 1.5 个百分点。外出农民工有配偶的占 64.8%，比本地农民工低 25.4 个百分点，但占比提高较快。段成荣于 2013 年提出，人口迁移的家庭化过程有 4 个阶段，分别是个人外出流动阶段、夫妻共同流动阶段、核心家庭化阶段以及扩展家庭化阶段。[①] 数据显示，2013 年，夫妻共同携带 0—15 岁未成年子女流动的比例占已婚有子女流动家庭的 64.7%。[②] 我国正处于第二阶段到第三阶段，即让子女从留守到随迁的过渡中。"举家迁徙"的人口流动方式带来了大量的农民工随迁子女，伴随而来的就是农民工随迁子女的教育问题。

五、城镇化进程中农民工子女的教育概况

自 2010 年以来，随着我国经济的持续发展和城市化建设的推进，越来越多农村人口从农村社会中脱离出来，根据《中国流动人口发展报告 2016》，2015 年，我国流动人口规模达 2.47 亿人，占总人口的 18%，相当于每 6 个人中有一个是流动人口。在未来一段时期内，我国仍处于城镇化快速发展阶段，人口流动迁移将持续活跃。而家庭成员共同流动成为新常态，其中，新生代流动人口表现更为突出，其随迁子女教育问题已演变为复杂的社会问题。

我国政府十分重视进城务工人员随迁子女在城镇接受教育的问题，在经历了 2001 年的"两为主"（以公办学校为主，以流入地政府为主）政策之后，为了保障随迁子女平等享有受教育权利，2014 年，国家发改委颁布的《国家新型城镇化规划（2014—2020）》又提出"两纳入"（将农民工随迁子女义务教育纳入各级政府教育发展规划和财政保障范围）政策。[③] 2015 年，教育部表示将进一步扩大城镇义务教育容量，将随迁子女义务教育"全纳入"[④] 这一

---

①段成荣，吕利丹，邹湘江．当前我国流动人口面临的主要问题和对策——基于 2010 年第六次全国人口普查数据的分析[J]．人口研究，2013（2）：17—24.

②国家卫生和计划生育委员会流动人口司．中国人口发展报告[M]．北京：中国人口出版社，2014：181.

③国家发改委发展规划司．国家新型城镇化规划（2014—2020）[EB/OL]．http：//ghs.ndrc.gov.cn/zttp/xxczhjs/ghzc/201605/t20160505_800839.htm.

④中国拟将农民工随迁子女"全纳入"城镇义务教育[EB/OL]．http：//www.chinanews.com/gn/2015/02-28/7087944.shtml.

政策进一步强化；2015 年，国务院提出"统一随学生流动携带两免一补资金和生均公用经费基准定额资金"①；2017 年印发的《教育部 2017 年工作要点》中明确表示将制定"统一以居住证为主要依据为随迁子女提供义务教育服务"的就学政策，② 国家政策经历了从"两为主"到"两纳入"，再到"全纳入"和"两统一"的演进过程，而近年来随迁子女在城镇就学状况也逐渐得到了极大改善。

随着进城务工人员随迁子女在当地接受义务教育的问题得到初步解决，一些地方开始探索随迁子女接受学前教育和义务教育后在当地参加升学考试的办法。自 2010 年以来，国家先后颁布了《国务院办公厅转发教育部等部门关于做好进城务工人员随迁子女接受义务教育后在当地参加升学考试工作意见的通知》和《教育部等四部门关于实施第三期学前教育行动计划的意见》等文件，政策关注点呈现了从义务教育向非义务教育延伸的趋势。

但由于城乡二元结构依然存在，"农民工问题"短期内在我国难以消失，农民工随迁子女的教育依然面临着严峻挑战。一方面，随着随迁子女在流入地接受义务教育问题的基本解决，他们在流入地参加升学考试的问题日益凸显，目前国家对于在流入地参加中考的政策指向上仍不明确，各地中考政策状况参差不齐，而且由于国家高考招生政策明确要求按户籍报名，使得随迁子女也面临着难以在流入地参加高考的政策障碍；另一方面，"入学难"问题得到缓解后，面临的新问题是如何使这些农民工子女适应城市学校，融入城市生活，即"进得来"之后如何"留得住"并且"发展好"的问题。目前农民工随迁子女虽然能够在城市接受义务教育，但有些城市还不能保障使随迁子女全部进入公办学校，有些农民工子女学校校舍破旧，教育质量堪忧，有些公办学校教师缺乏对随迁子女特点的了解，使随迁子女和城市学生存在一定的隔阂。除此之外，在 2010 年发布的《中共中央国务院关于加大统筹城乡发展力度进一步夯实农业农村发展基础的若干意见》中首次提出了"新生代

---

① 中华人民共和国国务院：两免一补经费随学生流动可携带[EB/OL]. http：//www. sohu. com/a/42686373 _ 117882.

② "居住证"将成为随迁子女就学主要依据[EB/OL]. http：//news. xinhuanet. com/lo-cal/2017—02/15/c _ 1120473116. htm.

农民工"的概念，[①] 一个新兴的农民工群体走入我们的视野。新生代农民工指改革开放后的第二代农民工，大多是 1980 年以后出生的新一代农民工，与父辈农民工相比，新生代农民工父母对子女教育更加重视，他们对子女接受优质教育的强烈需求与流入地教育供给存在着总量不足及供求的结构性矛盾。[②]

　　未来随着支撑东北地区等老工业基地全面振兴的人口发展政策不断完善，以及适应西部大开发要求鼓励人口向西部地区迁移严格控制超大城市和特大城市人口规模、有序引导人口向中小城市集聚等相关政策的出台，我国人口的流动将更加合理有序。[③] 但是如何改革异地中考和异地高考制度，如何将户籍制度改革、居住证制度改革、学籍管理制度改革等协同推进，如何真正解决随迁子女升学难的问题，如何帮助随迁子女在城市获取平等的市民身份和受教育权，如何缓解其变迁带来的各种压力，如何让他们真正融入城市生活，等等，这些都是亟待解决的问题。

第二节　政策梳理

一、中央政策的演变

　　1986 年公布实施的《义务教育法》中提出我国要实行九年义务教育制度，2011 年，所有省（区、市）通过了国家"普九"验收，我国用 25 年的时间全面普及了城乡免费义务教育，从根本上保证了适龄儿童少年"有学上"，为提高全体国民素质奠定了坚实基础。为了缩小区域之间、城乡之间、学校之间办学水平和教育质量的差距，保障农民工随迁子女平等接受义务教育的权利，

---

①中华人民共和国国务院．中共中央国务院关于加大统筹城乡发展力度进一步夯实农业农村发展基础的若干意见［EB/OL］．http：//politics. people. com. cn/GB/1026/10893985. html.

②张燕倪，葛金国．新生代农民工"移居子女"教育问题探论［J］．教育导刊，2016（1）：27—31.

③国家统计局．人口发展战略不断完善，人口均衡发展取得成效——党的十八大以来经济社会发展系列之十六［EB/OL］．http：//www. stats. gov. cn/tjsj/sjjd/201707/t20170725 _ 1516463. html.

巩固提高九年义务教育水平，深入推进义务教育均衡发展，自 2010 年以来，国家颁布了一系列政策法规。根据政策侧重点的不同，可进行以下分类。

（一）深入推进义务教育均衡发展，满足随迁子女平等接受义务教育的需求

在 2012 年 9 月颁布的《国务院关于深入推进义务教育均衡发展的意见》中提出要保障特殊群体平等接受义务教育，"保障进城务工人员随迁子女平等接受义务教育。要坚持以流入地为主、以公办学校为主的政策，将常住人口纳入区域教育发展规划，推行按照进城务工人员随迁子女在校人数拨付教育经费，适度扩大公办学校资源，尽力满足进城务工人员随迁子女在公办学校平等接受义务教育。在公办学校不能满足需要的情况下，可采取政府购买服务等方式保障进城务工人员随迁子女在依法举办的民办学校接受义务教育"。[1] 在 2014 年 9 月颁布的《国务院关于进一步做好为农民工服务工作的意见》中提出："输入地政府要将符合规定条件的农民工随迁子女教育纳入教育发展规划，合理规划学校布局，科学核定公办学校教师编制，加大公办学校教育经费投入，保障农民工随迁子女平等接受义务教育权利。公办义务教育学校要普遍对农民工随迁子女开放，与城镇户籍学生混合编班，统一管理。"[2] 在 2016 年颁布的《国务院关于加强农村留守儿童关爱保护工作的意见》中提出，要"从源头上逐步减少留守儿童现象"，要求公办义务教育学校要普遍对农民工未成年子女开放，要通过政府购买服务等方式支持农民工未成年子女接受义务教育，同时为农民工家庭提供更多帮扶支持，例如：对符合落户条件的农民工要有序推进其本人及家属落户；通过实物配租公共租赁住房或发放租赁补贴等方式满足其家庭的基本居住需求；倡导用工单位、社会组织和专业社会工作者、志愿者队伍等社会力量，为其照料未成年子女提供便利条件和更多帮助等。[3]

①中华人民共和国国务院.国务院关于深入推进义务教育均衡发展的意见[EB/OL]. http：//www.gov.cn/zhengce/content/2012—09/07/content_5339.htm.
②中华人民共和国国务院.国务院关于进一步做好为农民工服务工作的意见[EB/OL].http：//www.gov.cn/zhengce/content/2014—09/30/content_9105.htm.
③中华人民共和国国务院.国务院关于加强农村留守儿童关爱保护工作的意见[EB/OL].http：//www.gov.cn/zhengce/content/2016—02/14/content_5041066.htm.

（二）加快落实户籍制度改革，从制度上为随迁子女受教育权提供保障

针对目前依然存在的农业转移人口市民化进展缓慢、城镇化质量不高等问题，近年来，国家在颁布的政策中开始提出要加快落实户籍制度改革，积极推进农业转移人口市民化，建立以居住证为主要依据的随迁子女入学政策，从制度上为农民工随迁子女受教育权提供保障。在 2016 年 2 月颁布的《国务院关于深入推进新型城镇化建设的若干意见》中提出，要"围绕加快提高户籍人口城镇化率，深化户籍制度改革，促进有能力在城镇稳定就业和生活的农业转移人口举家进城落户，并与城镇居民享有同等权利、履行同等义务。鼓励各地区进一步放宽落户条件，除极少数超大城市外，允许农业转移人口在就业地落户，优先解决农村学生升学和参军进入城镇的人口、在城镇就业居住 5 年以上和举家迁徙的农业转移人口以及新生代农民工落户问题"。[1] 除此之外，政府还提出要全面实行居住证制度，推进居住证制度覆盖全部未落户城镇常住人口，保障居住证持有人在居住地享有义务教育。为了贯彻落实党中央、国务院关于推动 1 亿左右农业转移人口和其他常住人口等非户籍人口在城市落户的决策部署，促进有能力在城镇稳定就业和生活的农业转移人口举家进城落户，国务院于 2016 年 10 月颁布了《国务院办公厅关于印发推动 1 亿非户籍人口在城市落户方案的通知》，规定"各地区要确保进城落户农民子女受教育与城镇居民同城同待遇。加快完善全国中小学生学籍信息管理系统，为进城落户居民子女转学升学提供便利"，[2] 进一步保障了进城落户农民子女平等享有受教育权利。

（三）关注随迁子女学前教育和义务教育后教育，从义务教育向非义务教育阶段延伸

随着进城务工人员随迁子女在当地接受义务教育的问题得到初步解决，一些地方开始探索随迁子女接受学前教育和在接受义务教育后在当地参加升学考试的办法。

---

① 中华人民共和国国务院. 国务院关于深入推进新型城镇化建设的若干意见 [EB/OL]. http：//www. gov. cn/zhengce/content/2016－02/06/content_5039947. htm.

② 中华人民共和国国务院办公厅. 国务院办公厅关于印发推动 1 亿非户籍人口在城市落户方案的通知 [EB/OL]. http：//www. gov. cn/zhengce/content/2016－10/11/content_5117442. htm.

　　针对目前普惠性资源依然不足，公办园少、民办园贵的问题在许多地区还比较突出，幼儿园运行保障和教师队伍等体制机制建设相对滞后的现状，以及随着全面两孩政策实施，社会对学前教育资源总量的需求将大幅增加，国家规划 1 亿左右人口进城落户，将带来资源结构性短缺，城市资源需求进一步加大的趋势，《国务院关于进一步做好为农民工服务工作的意见》中提出，要"积极创造条件着力满足农民工随迁子女接受普惠性学前教育的需求。对在公益性民办学校、普惠性民办幼儿园接受义务教育、学前教育的，采取政府购买服务等方式落实支持经费，指导和帮助学校、幼儿园提高教育质量"。在 2017 年 4 月颁布的《教育部等四部门关于实施第三期学前教育行动计划的意见》中指出，要大力发展普惠性幼儿园：一是城市要落实国务院对城镇小区配套幼儿园必须办成公办园和普惠性民办园的要求；二是支持机关企事业、城镇街道集体办园，通过地方政府接收、与当地优质公办园合并、政府购买服务等多种形式，确保其面向社会提供普惠性服务；三是继续落实有关优惠政策，通过购买服务、综合奖补、减免租金、派驻公办教师、培训教师、教研指导等方式支持普惠性民办园发展。同时，建立有效的监管机制，将提供普惠性学位数量和办园质量作为奖励和支持的依据，扶持和监管并进，引导民办园提供稳定的普惠性服务。[①]

　　国家颁布的有关农民工随迁子女教育的政策文件内容逐渐也开始涉及保障其接受义务教育后在当地参加升学考试的相关规定，呈现了从义务教育向非义务教育延伸的趋势。在 2012 年 8 月颁布的《国务院办公厅转发教育部等部门关于做好进城务工人员随迁子女接受义务教育后在当地参加升学考试工作意见的通知》中提出要因地制宜制定随迁子女升学考试具体政策，"各省、自治区、直辖市人民政府要根据城市功能定位、产业结构布局和城市资源承载能力，根据进城务工人员在当地的合法稳定职业、合法稳定住所（含租赁）和按照国家规定参加社会保险年限，以及随迁子女在当地连续就学年限等情况，确定随迁子女在当地参加升学考试的具体条件，制定具体办法"。对于随迁子女净流入数量较大的省份，"教育部、发展改革委采取适当增加高校招生计划等措施，保障当地高考录取比例不因符合条件的随迁子女参加当地高考

---

　　①教育部等四部门 . 教育部等四部门关于实施第三期学前教育行动计划的意见 [EB/OL]. http：//www. moe. edu. cn/srcsite/A06/s3327/201705/t20170502 _ 303514. html.

而受到影响"。对不符合在流入地参加升学考试条件的农民工随迁子女，要求"流出地和流入地要积极配合，做好政策衔接，保障考生能够回流出地参加升学考试；经流出地和流入地协商，有条件的流入地可提供借考服务"。①

（四）统一城乡义务教育经费保障机制，使更多农民工子女享受公共财政支持

自 2006 年实施农村义务教育经费保障机制改革以来，义务教育被逐步纳入公共财政保障范围，城乡义务教育全面实现，稳定增长的经费保障机制基本建立。但随着我国新型城镇化建设和户籍制度改革不断推进、学生流动性加大，现行义务教育经费保障机制已不能很好地适应新形势要求。城乡义务教育经费保障机制有关政策不统一、经费可携带性不强、资源配置不够均衡以及综合改革有待深化等问题，都需要进一步采取措施，切实加以解决。因此，关于农民工随迁子女义务教育经费保障方面，在 2015 年 11 月颁布的《国务院关于进一步完善城乡义务教育经费保障机制的通知》中提出，要"统一城乡义务教育经费保障机制，实现'两免一补'和生均公用经费基准定额资金随学生流动可携带"。具体而言，"从 2016 年春季学期开始，统一城乡义务教育学校生均公用经费基准定额""从 2017 年春季学期开始，统一城乡义务教育学生'两免一补'政策"。② 此次改革之前，国家只对农村义务教育学校制定生均公用经费基准定额标准，城市义务教育学校生均公用经费标准由地方制定。而城市义务教育只对低保家庭学生免费提供教科书，农村孩子进城上学后，就不能再享受"两免一补"。调整后，国家统一制定城乡义务教育学校公用经费基准定额，城乡所有的义务教育阶段学生都能享受"两免一补"政策，包括民办学校的学生都是一个政策。教育经费可携带，最直接受益的群体是那些从农村到城市读书的学生。新的制度实施后，大约 1300 万从农村进城务工人员随迁子女将会直接受益。2016 年 8 月颁布的《国务院关于实施支持农业转移人口市民化若干财政政策的通知》进一步指出，要"逐步完善

---

① 中华人民共和国国务院办公厅. 国务院办公厅转发教育部等部门关于做好进城务工人员随迁子女接受义务教育后在当地参加升学考试工作意见的通知[EB/OL]. http：//www. gov. cn/zhengce/content/2012-08/31/content_5374. htm.

② 中华人民共和国国务院. 国务院关于进一步完善城乡义务教育经费保障机制的通知[EB/OL]. http：//www. gov. cn/zhengce/content/2015-11/28/content_10357. htm.

并落实中等职业教育免学杂费和普惠性学前教育的政策。中央和省级财政部门要按在校学生人数及相关标准核定义务教育和职业教育中涉及学生政策的转移支付，统一城乡义务教育经费保障机制，实现'两免一补'资金和生均公用经费基准定额资金随学生流动可携带，落实好中等职业教育国家助学政策"。①

二、地方政策

为贯彻落实中央关于农民工随迁子女教育的相关规定，各省、自治区、直辖市人民政府也根据当地实际情况，根据随迁子女不同阶段的教育问题，制定了相关政策。

(一)学前教育阶段

上海政府在《关于来沪人员随迁子女就读本市各级各类学校的实施意见》中提出，来沪人员可以选择让其随迁子女进入民办学前教育机构就读，但若要进入公办幼儿园就读，需满足一定条件："区县教育部门可依据持上海市居住证且积分达到标准分值、持上海市居住证年限等条件，设定先后顺序，在妥善安排本市户籍适龄幼儿入园的基础上，统筹安排随迁子女进入公办幼儿园就读。"② 在《关于本市支持农业转移人口市民化的若干意见》中也提出，要"完善学前教育公共服务体系，加大学前教育投入力度。健全政府投入、社会举办者投入、家庭合理分担的学前教育多渠道投入机制，完善公办幼儿园生均公用经费财政拨款标准和普惠性民办幼儿园支持政策"。③ 随着上海市新一轮人口出生高峰的到来和外来农民工同住适龄子女的增加，现有的学前教育资源不足的问题开始凸显。城乡接合部及郊区农村人口集中地区一些未经审批的办园点数量快速增加，在一定程度上满足了入园压力较大的郊区农

---

①中华人民共和国国务院.国务院关于实施支持农业转移人口市民化若干财政政策的通知[EB/OL].http：//www.gov.cn/zhengce/content/2016-08/05/content_5097845.htm.

②上海市教育委员会.关于来沪人员随迁子女就读本市各级各类学校的实施意见[EB/OL].http：//www.shmec.gov.cn/html/xxgk/201312/420042013003.php.

③上海市人民政府办公厅.上海市人民政府办公厅转发市财政局等五部门制订的《关于本市支持农业转移人口市民化的若干意见》的通知[EB/OL].http：//www.shanghai.gov.cn/nw2/nw2314/nw2319/nw2404/nw42200/nw42202/u26aw52585.html.

村儿童特别是农民工随迁子女对接受学前教育或看护的需求，但存在着安全隐患多和申办民办教育机构条件缺乏等问题。针对这种情况，上海市出台了《加强郊区学前儿童看护点管理工作若干意见》，要求各区县"充分认识加强本市郊区学前儿童看护点管理工作的重要性，根据当地经济发展情况与学前适龄儿童的实际，积极创造条件，认真落实加强本市郊区学前儿童看护点管理的措施，妥善解决郊区农村人口集中地区的适龄儿童接受看护的问题，加强对看护点的管理和监督"。①

浙江杭州于 2017 年 7 月最新出台的《流动人口随迁子女在杭州市区接受学前教育和义务教育管理办法（征求意见稿）》中规定："凡年满 3 周岁，持有市区范围内申领的有效 IC 卡式浙江省居住证，且户籍所在地没有监护条件的儿童，可以申请在市区接受学前教育。"但条件是："应根据适龄儿童父母居住证的量化分值高低排序（以分值高的一方为准），按照就近（相对就近）的原则，统筹安排入园。"②

（二）义务教育阶段

根据《上海市居住证管理办法》和《上海市实有人口服务和管理若干规定》要求，同时为了贯彻落实《中华人民共和国义务教育法》和《国务院办公厅转发教育部等部门关于做好进城务工人员随迁子女接受义务教育后在当地参加升学考试工作意见的通知》精神，2013 年 12 月，上海市颁布了《关于来沪人员随迁子女就读本市各级各类学校的实施意见》，旨在确立以"权责对等、梯度赋权"为特点的随迁子女公共教育服务制度。意见指出："持上海市居住证人员，或连续 3 年在街镇社区事务受理服务中心办妥灵活就业登记（逐步过渡到 3 年）且持有上海市临时居住证满 3 年（逐步过渡到 3 年）人员，其随迁子女在本市接受义务教育，可向上海市居住证或上海市临时居住证登记居住地所在区县教育主管部门申请。各区县教育主管部门根据区域内

---

①上海市人民政府办公厅. 上海市人民政府办公厅转发市教委等三部门关于《加强郊区学前儿童看护点管理工作若干意见》的通知[EB/OL]. http：//shzw. eastday. com/shzw/G/20101015/userobject1ai13459. html.

②杭州市人民政府办公厅. 流动人口随迁子女在杭州市区接受学前教育和义务教育管理办法（征求意见稿）[EB/OL]. http：//www. hangzhou. gov. cn/module/idea/que _ content. jsp？webid＝149＆appid＝1＆topicid＝539016＆typeid＝11.

教育资源配置情况，统筹安排随迁子女进入义务教育阶段学校就读。"在农民工随迁子女义务教育的经费保障方面，上海市财政局等5个部门2017年4月颁布的《关于本市支持农业转移人口市民化的若干意见》指出，要将"本市农业转移人口随迁子女义务教育经费纳入公共财政保障范围。探索建立全市基本统一的义务教育学校建设标准、学校配置（设施设备）标准、教师队伍配置标准、教师收入标准和生均经费标准等5项标准，完善本市城乡义务教育经费保障机制"。

2010年1月，广东省政府在颁布的《关于进一步做好优秀外来工入户和农民工子女义务教育工作的意见》中提出，"凡在广州市居住半年以上，有固定住址、固定工作和收入来源的来穗务工就业农民，可为其6—15周岁（义务教育阶段）、有学习能力的同住子女，申请在我市接受义务教育"。同时，政府对优秀外来工子女义务教育提供了优惠政策，规定"凡获得广州市及各区（县级市）政府授予优秀称号的外来工，其子女可优先申请在公办义务教育学校就读，享受本市户籍学生义务教育免学杂费和课本费的政策，就读学校不得收取借读费，其他需缴费标准与本市户籍学生相同"。除此之外，政府还提出，"应优先解决夫妻同在本市、在本市就业时间较长并纳入就业管理、符合计划生育政策的来穗务工就业农民的随迁子女享受公办义务教育"。[①] 在2017年3月颁布的《广东省人民政府办公厅关于印发广东省推动非户籍人口在城市落户实施方案的通知》规定，"各地要确保进城落户农民子女受教育与城镇居民同城同待遇。根据国家要求，加快完善省级中小学生学籍信息管理系统，加快实现省级中小学生学籍信息管理系统与省级户籍人口信息管理系统数据对接，为进城落户居民子女转学升学提供便利"。[②] 2017年7月最新颁布的《广州市人民政府办公厅关于印发广州市加快发展住房租赁市场工作方案的通知》中提出了"租购同权、租房入学"的政策，规定"赋予符合条件的承租人子女享有就近入学等公共服务权益，保障租购同权。具有本市户籍

---

①广州市发改委.关于进一步做好优秀外来工入户和农民工子女义务教育工作的意见 [EB/OL]. http://www.gz.gov.cn/gzgov/s6359/201002/165914.shtml.

②广东省人民政府办公厅.广东省人民政府办公厅关于印发广东省推动非户籍人口在城市落户实施方案的通知[EB/OL]. http://zwgk.gd.gov.cn/006939748/201704/t20170413_700605.html.

的适龄儿童少年、人才绿卡持有人子女等政策性照顾借读生、符合市及所在区积分入学安排学位条件的来穗人员随迁子女，其监护人在本市无自有产权住房，以监护人租赁房屋所在地作为唯一居住地且房屋租赁合同经登记备案的，由居住地所在区教育行政主管部门安排到义务教育阶段学校（含政府补贴的民办学校学位）就读"。① 但值得注意的是，"租房入学"并不是广州入学的新政策，广州各区的招生工作意见当中均有专门针对"租住户"的入学政策以保障租户孩子受教育的权利。只是各区对于租户的入学政策不尽相同，而且现行政策是有前置条件的，只有符合条件才能获得入学资格。比如，租赁房屋是监护人在广州的唯一居住地、需要出具手续完备的租赁合同、人户一致，等等。

大部分省份对于随迁子女在流入省份接受义务教育的规定比较宽松，无工作或居住年限的要求，只需提供一定的证明材料。例如，在河南省，"适龄儿童、少年在其父母或其他法定监护人非户籍所在的工作地接受义务教育的，由其父母或其他法定监护人持居民户口簿和暂住（居住）证、就业证明以及原籍所在地乡镇中心学校出具的外出就读证明等材料，向流入地县（市、区）教育部门提出就读申请"。② 在安徽省，"保障随迁子女在城市享有与城市孩子同等就学权利。公办学校按照'就近划片，一视同仁'的原则承担接纳进城务工农民随迁子女入学接受义务教育的任务"。③ 关于随迁子女的学籍问题，湖南省规定，"进城务工人员随迁子女进入义务教育阶段学校，其父母或其他法定监护人可按照流入地学籍管理具体办法和工作流程，向流入地学籍主管教育行政部门提出申请，到所安排的学校就读，学校应按照与当地常住户籍人口子女同等待遇建立学籍"。④ 在福建省，各地先后放宽随迁子女接受义务

---

①广州市人民政府办公厅．广州市人民政府办公厅关于印发广州市加快发展住房租赁市场工作方案的通知［EB/OL］．http：//www.gz.gov.cn/gzgov/s2812/201707/3cec198881d44d33a80a145ff024a164.shtml.

②河南省人民政府．河南省人民政府关于进一步做好进城务工农民随迁子女义务教育工作的意见［EB/OL］．http：//www.henan.gov.cn/zwgk/system/2010/06/01/010196794.shtml.

③安徽省教育厅．基础教育三项改革实施方案解读［EB/OL］．http：//www.ah.gov.cn/UserData/DocHtml/1/2017/2/17/7982465472061.html.

④湖南省教育厅．关于印发《湖南省中小学生学籍管理办法》的通知［EB/OL］．http：//www.hunan.gov.cn/fw/grfw/rssj/sx/czjy_56533/zcfgyjd_56534/201605/t20160525_3061794.html.

教育入学条件，按照相对就近入学原则，采取全额招收、电脑派位和统筹安排相结合的办法，保障随迁子女入学机会的公平。对符合条件但受学位限制未能进入公办学校就读的随迁子女，由当地教育行政部门以一定政府购买服务的方法，将他们统筹安排到民办学校就读。① 为了推进义务教育均衡发展，更好地保障进城务工人员随迁子女接受义务教育的权利，辽宁省将推动各市切实简化、优化入学流程和证明要求，方便随迁子女入学，以前有的地方需要居住证、租房合同、劳动用工合同、劳动保险证明以及学籍证明等，现在只需居住证明和学籍证明。②

（三）高中阶段教育

上海市农民工随迁子女在义务教育之后可以通过参加本市中等学校高中阶段招生考试或全日制中等职业学校自主招生考试进入高中阶段学习，但需满足不同的条件，体现了"梯度赋权"的特点。在《关于来沪人员随迁子女就读本市各级各类学校的实施意见》中提出："持上海市居住证且积分达到标准分值人员随迁子女，可在上海市居住证登记所在区县或就读学校所在区县，参加本市中等学校高中阶段招生考试。""持上海市居住证人员，或连续3年在街镇社区事务受理服务中心办妥灵活就业登记（逐步过渡到3年）且持有上海市临时居住证满3年（逐步过渡到3年）人员，其随迁子女在本市接受3年初中教育（逐步过渡到3年）的，可参加本市全日制中等职业学校自主招生考试。"北京于2013年1月出台的《进城务工人员随迁子女接受义务教育后在京参加升学考试工作方案》也有相似的规定，例如"自2013年起，凡进城务工人员持有有效北京市居住证明，有合法稳定的住所，合法稳定职业已满3年，在京连续缴纳社会保险已满3年，其随迁子女具有本市学籍且已在京连续就读初中3年学习年限的，可以参加北京市中等职业学校的考试录取"。③

---

①福建省教育厅．福建多措并举保障进城务工人员随迁子女就学［EB/OL］．http：//www.moe.edu.cn/jyb_xwfb/s6192/s222/moe_1745/201304/t20130410_150331.html．

②辽宁简化进城农民工子女入学手续，推进义务教育均衡发展［EB/OL］．http：//dx.lnjn.gov.cn/news/nongyeyaowen/2017/3/607137.shtml．

③北京市教委等部门．进城务工人员随迁子女接受义务教育后在京参加升学考试工作方案［EB/OL］．http：//www.gov.cn/zwgk/2013−01/05/content_2305015.htm

2012 年 12 月，广东省颁布的《关于做好进城务工人员随迁子女接受义务教育后在我省参加升学考试工作的意见》对推进广东省随迁子女参加中考工作提出了要求，要求"各地级以上市人民政府要按照国办发〔2012〕46 号文规定要求，对在当地有 3 年完整初中学籍的随迁子女，根据当地城市资源特别是教育资源承载能力，合理确定随迁子女在当地参加中考的准入条件，因地制宜制订随迁子女参加中考升学考试的具体办法，于 2013 年 3 月底前报省教育厅备案，并于 2013 年开始实施。已经放开或部分放开中考的地区，要做好新旧政策衔接，不能发生中断现象"。[①]

相较于北上广地区严格的前置条件，以下省份关于随迁子女参加升学考试的条件显得较为宽松。2012 年 12 月，河北省颁布的《河北省人民政府办公厅转发省教育厅等部门关于做好进城务工人员随迁子女接受义务教育后在当地参加升学考试工作实施方案的通知》放开了随迁子女参加中考的权利，规定"随迁子女在我省参加中考享受与当地常住户籍人口子女同等待遇"。[②] 河南省规定，"进城务工农民随迁子女不受户籍限制，均可参加各类中等职业学校入学报名和录取，与其他在校学生同等享受助学金、奖学金和减免学费政策。具有流入地初中正式学籍的应届毕业生可在当地参加中考"。[③] 陕西省规定，"从 2014 年起，随迁子女的父亲或母亲持陕西省居住证 1 年以上，按照国家规定在陕缴纳职工基本养老保险 1 年以上（含 1 年），随迁子女本人持有陕西省初中学校颁发的毕业证书，可在符合我省初中毕业学业考试报名其他条件的情况下，在其毕业初中所在县（区）报名参加初中毕业学业考试"。而考生可以根据考试成绩，自己选择升入普通高中、高职 5 年制大专、中专或

---

①广东省人民政府办公厅. 广东省人民政府办公厅转发省教育厅等部门《关于做好进城务工人员随迁子女接受义务教育后在我省参加升学考试工作的意见》的通知［EB/OL］. http：//zwgk. gd. gov. cn/006939748/201301/t20130106 _ 362025. html.

②河北省人民政府办公厅. 河北省人民政府办公厅转发省教育厅等部门关于做好进城务工人员随迁子女接受义务教育后在当地参加升学考试工作实施方案的通知［EB/OL］. http://www. gov. cn/zwgk/2012-12/24/content _ 2297107. htm.

③河南省人民政府. 河南省人民政府办公厅关于印发积极推进农村人口向城镇有序转移八项措施的通知［EB/OL］. http：//www. henan. gov. cn/zwgk/system/2015/01/09/010519082. shtml.

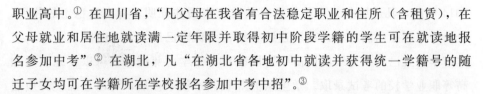

职业高中。① 在四川省，"凡父母在我省有合法稳定职业和住所（含租赁），在父母就业和居住地就读满一定年限并取得初中阶段学籍的学生可在就读地报名参加中考"。② 在湖北，凡"在湖北省各地初中就读并获得统一学籍号的随迁子女均可在学籍所在学校报名参加中考中招"。③

（四）高等教育阶段

关于随迁子女高等教育阶段的教育，上海市出台了严格而细致的规定，体现了有梯度地为进城务工人员随迁子女提供接受义务教育后的公共教育服务。《关于来沪人员随迁子女就读本市各级各类学校的实施意见》中规定有两类人可以参加上海市普通高等学校招生考试，一是"持上海市居住证且积分达到标准分值人员随迁子女在本市参加中等学校高中阶段招生考试并具有本市高中阶段完整学习经历的"，二是"持上海市居住证且积分达到标准分值人员连续持有上海市居住证3年，其子女为本市高中阶段毕业生的"。根据2012年12月颁布的《进城务工人员随迁子女接受义务教育后在沪参加升学考试工作方案》，"进城务工人员符合上海市进城务工人员管理制度规定的基本要求的，其随迁子女参加中等职业学校自主招生考试并具有本市中等职业教育完整学习经历的"，可选择在本市参加专科层次依法自主招生考试和三校生高考（专科层次）；"其随迁子女参加专科层次依法自主招生考试或三校生高考（专科层次），并具有高等职业教育完整学习经历的"，可参加本市普通高等学校专升本招生考试。④

北京关于随迁子女参加高考的规定同样严格而又具有自己的特点。《进城务工人员随迁子女接受义务教育后在京参加升学考试工作方案》规定，"自

---

① 陕西省考试管理中心. 关于印发《进城务工人员随迁子女义务教育后在陕参加升学考试方案》的通知[EB/OL]. http：//www. snedu. gov. cn/news/jiaoyutingwenjian/201212/31/5944. html.

② 四川省教育厅等部门. 进城务工人员随迁子女在当地参加升学考试实施方案[EB/OL]. http：//www. gov. cn/zwgk/2013－01/05/content_2305068. htm.

③ 关于进城务工人员随迁子女接受义务教育后在湖北省参加升学考试实施办法（试行）[EB/OL]. http：gaokao. hbee. edu. cn/html/gk/zxzc/2013－01/109630. html.

④ 上海市人民政府办公厅. 上海市人民政府办公厅关于转发市教委等四部门制订的《进城务工人员随迁子女接受义务教育后在沪参加升学考试工作方案》的通知[EB/OL]. http：//www. shanghai. gov. cn/nw2/nw2314/nw2319/nw2404/nw30971/nw30973/u26aw34407. html.

2014 年起，凡进城务工人员持有有效北京市居住证明，有合法稳定的住所，合法稳定职业已满 6 年，在京连续缴纳社会保险已满 6 年，其随迁子女具有本市学籍且已在京连续就读高中阶段教育 3 年学习年限的，可以在北京参加高等职业学校的考试录取。学生从高等职业学校毕业后，可以参加优秀应届毕业生升入本科阶段学习的推荐与考试录取"。而进城务工人员随迁子女"具有本市学籍且已在京连续就读高中阶段教育 3 年学习年限的，可选择在京借考高考。北京市按教育部相关文件规定，经学生户籍所在省同意后为学生提供高考文化课在京借考服务，学生回户籍所在省参加高校招生录取"。除此之外，北京市政府提出"凡进城务工人员持有有效北京市居住证明，其随迁子女均可按照有关规定，和户籍学生同等待遇报名参加北京市成人高等教育、高等教育自学考试、网络高等教育、开放大学的考试录取"。

广东省出台的《关于做好进城务工人员随迁子女接受义务教育后在我省参加升学考试工作的意见》，对三类外来务工人员随迁子女在广东省参加高考的条件进行了说明。一是"异地务工人员、高技能人才及其随迁子女在我省入户的，随迁子女不受入户年限、就学年限等限制，自 2013 年起可在我省报名参加高考，并可与入户地户籍考生同等录取"。二是"经县（市、区）人民政府主管部门认定的在我省具有合法稳定职业、合法稳定住所并连续 3 年以上持有我省居住证、按国家规定在我省参加社会保险累计 3 年以上的进城务工人员，其随迁子女具有我省中职学校 3 年完整学籍的，自 2014 年起可在我省报名参加高等职业学院招收中职学校毕业生招生考试，并可与我省户籍考生同等录取"。三是"其随迁子女在我省参加中考并在父母就业所在城市具有高中阶段 3 年完整学籍的，自 2016 年起可在我省报名参加高考，与我省户籍考生同等录取"。① 于 2016 年 11 月颁布的《关于做好 2017 年进城务工人员随迁子女在广东省参加高考有关工作的通知》，对进城务工人员随迁子女的报考资格中关于社会保险、办理居住证、拥有合法稳定住所、3 年完整学籍等问题

---

① 广东省人民政府办公厅．广东省人民政府办公厅转发省教育厅等部门《关于做好进城务工人员随迁子女接受义务教育后在我省参加升学考试工作的意见》的通知［EB/OL］．http：//zwgk.gd.gov.cn/006939748/201301/t20130106＿362025.html.

进行了详细的说明。[1]

以下省份准许随迁子女在流入省份参加高考，只需满足一定的条件。例如，河北省在《河北省人民政府办公厅转发省教育厅等部门关于做好进城务工人员随迁子女接受义务教育后在当地参加升学考试工作实施方案的通知》中提出，"流入我省的随迁子女在父母经常居住地接受高中段教育，至毕业时具有两年以上连续就学记录的，同时提供家长就业失业登记证、居住证和高中段学籍证明，即可在我省参加高考，之后与我省考生享受同等的招生录取待遇"。同时，"流出我省的随迁子女无法在流入地参加高考需回我省参加考试的，可按我省有关规定报名参加高考"。[2] 河南省规定，"具有流入地普通高中、中等职业学校正式学籍的应届毕业生可在当地参加高考"。浙江省规定，"通过我省初中毕业生学业水平考试（中考）或符合我省流入地初中升高中条件，进入我省高中阶段学校学习，并具有完整的我省高中阶段连续学习经历和学籍的随迁子女，同时符合我省高考报名的其他条件的，从 2013 年起可在我省报名参加高考"。[3] 四川省规定，"凡父母在我省有合法稳定职业和住所（含租赁），在父母就业和居住地具有高中阶段学籍和 3 年完整学习经历且符合普通高考其他报名条件的学生可在就读地报名参加普通高考"。在重庆，非重庆户籍的外来务工人员随迁子女在重庆参加高考的条件是，"具备在重庆高中阶段三年连续完整的学籍并就读；普通高中学生家长（父母亲至少一方）在重庆有合法稳定职业、合法稳定住所（含租赁），中职学生家长不做条件限制；符合重庆市普通高考其他报名条件"。[4]

而有些省份则实施了较为严格的随迁子女在当地参加高考的政策，可能

---

①广东省教育厅等部门．关于做好 2017 年进城务工人员随迁子女在广东省参加高考有关工作的通知［EB/OL］．http：//www. eeagd. edu. cn/portal/messages/1480065334797. html.

②河北省人民政府办公厅．河北省人民政府办公厅转发省教育厅等部门关于做好进城务工人员随迁子女接受义务教育后在当地参加升学考试工作实施方案的通知［EB/OL］．http：//www. gov. cn/zwgk/2012－12/24/content_2297107. htm.

③浙江省人民政府办公厅．浙江省人民政府办公厅转发省教育厅等四部门关于做好外省籍进城务工人员随迁子女接受义务教育后在我省参加升学考试工作实施意见的通知［EB/OL］．http：//www. gov. cn/zwgk/2013－03/11/content_2351439. htm.

④重庆市人民政府．重庆市人民政府办公厅关于印发重庆市外来务工人员随迁子女在重庆参加普通高考方案的通知［EB/OL］．http：//www. cq. gov. cn/publicinfo/web/views/Show! detail. action? sid＝1092932.

是出于防止出现"高考移民"现象的考虑。例如，海南省规定，"本人及其法定监护人在我省有合法稳定的住所（含租赁）并连续居住满 6 年，本人初一到高三年级在我省学校有学籍并连续在我省就读 6 年，同时在我省普通高中学校毕业，其法定监护人在我省有合法稳定的职业，并按规定参加我省从业人员各项社会保险满 6 年，可以在我省报名参加高考，不受报考批次的限制"。但若上述时间要求只达到 3 年以上（含 3 年）、不满 6 年，则只能报考本科第三批及高职专科学校。[①] 又如在新疆，关于随迁子女在新疆参加高考的规定越来越严格，"2017 年起，非新疆户籍来疆务工人员随迁子女，初中及普通高中阶段在疆连续实质性就读 6 年（初一、初二、初三、高一、高二、高三），并有 6 年完整学籍，有新疆初中毕业证书、中考成绩，有 3 次及以上参加新疆普通高中学业水平考试的经历，父母在疆有 6 年及以上合法稳定职业、居住证，有在疆 3 年及以上社保缴费记录或纳税证明，允许其高考报名，可报考区内外本专科院校"。[②] 在云南，对于外来务工随迁子女可无障碍参加正常高考和录取、可报考云南省属院校、可报考第三批本科院校或专科院校、可报考云南省属高职专科院校四类报考条件都进行了严格的区分和规定。[③]

第三节　发展现状调查

目前，学界对农民工随迁子女教育的研究主要从社会政策、家庭和学校三个视角来进行研究，接下来我们分别从这三个方面对农民工随迁子女教育研究进行梳理。

---

①海南省教育厅．海南省教育厅关于印发《2014 年外省籍务工人员随迁子女在我省接受义务教育后参加我省普通高考报名工作的实施办法》的通知［EB/OL］．http：// xxgk. hainan. gov. cn/hi/HI0108/201305/t20130523_964627. htm.

②新疆维吾尔自治区教育厅．关于印发《来疆务工人员随迁子女接受义务教育后在新疆参加普通高考方案实施细则（试行）》的通知［EB/OL］．http：//www. hmjy. gov. cn/in-fo/1030/2959. htm.

③云南今起实施外来务工人员随迁子女升学政策［EB/OL］．http：//qcyn. sina. com. cn/ 2013/0101/095650112782. html.

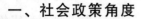

一、社会政策角度

目前，从社会政策视角来考察农民工子女教育的研究者们主要关注的问题是：相关政策是如何演变的？各地区如何因地制宜地制定农民工子女教育政策？非义务教育阶段的政策如何？农民工随迁子女义务教育公共资源如何配置？经费如何保障？政策如何改革和完善？以及基于其他视角如何看待有关农民工随迁子女教育问题的政策。

（一）农民工随迁子女教育政策变迁

就随迁子女教育政策变迁而言，朱文芳于 2014 年对 2005—2014 年政府报告中有关解决进城务工随迁子女教育问题的相关表述进行了文本和言语结构分析，发现：第一，从 2005 年以后，政府在态度上表现出逐步重视进城务工人员随迁子女的教育问题。第二，政府的工作重心随着随迁子女教育问题的发展而不断做出阶段性调整，具体来说，2005—2007 年，政府在认真解决随迁子女在城市义务教育阶段入学难的问题；2008—2011 年，政府的工作重心转向解决随迁子女平等、免费接受义务教育的问题；2012—2014 年，政府的工作重心转向随迁子女异地升学的问题，包括小升初、中考和高考问题。第三，政府的行动策略越来越具体化，并倾向于在城镇化的背景下去解决问题，呈现出发展性和全局性的思维方式。[①] 李伟成于 2011 年对农民工随迁子女义务教育"两为主"政策进行了反思，他认为人们对"以流入地政府为主"的理解缺乏准确性和完整性，认为"以公办学校为主"的提法存在决策上的偏差，要真正落实"以公办学校为主"的政策，将对流入地的财政和义务教育资源形成巨大压力。[②] 在施行了 2000 年"以流入地区政府管理为主、以全日制公办中小学为主"（简称"两为主"）的政策之后，2014 年，国家提出"将农民工随迁子女义务教育纳入各级政府教育发展规划和财政保障范畴"（简称"两纳入"）。2015 年，教育部公开表示要将常住人口纳入区域教育发展规划，将随迁子女教育纳入财政保障范围。杨颖秀于 2017 年的研究认为这一

---

①朱文芳. 政府解决进城务工随迁子女教育问题的逻辑解读——基于对 2005—2014 年政府工作报告的文本分析[J]. 信阳师范学院学报（哲学社会科学版），2014（4）：19—22.

②李伟成. 对进城务工人员随迁子女义务教育"两个为主"政策的反思[J]. 教育导刊（上半月），2011（11）：18—20.

转变：一是体现了政策制定理念的突破，即将"保障农民工随迁子女平等接受教育的权利"作为"两纳入"政策的制定理念；二是体现了政策制定依据的突破，将政府责任的整体性、教育发展的动态性和教育条件的关联性作为这一政策新的生长点；三是体现了政策措施的突破。[①]

（二）各地区农民工子女教育政策特点

就各地区而言，杨东平等人于 2011 年分析了自"两为主"教育公共政策实施以来，在各地经历的被动应对、改善管理和扩大服务直至制度创新的过程，他在这一过程中发现教育政策的实施主要体现为三种模式：一是地方政府根据中央提供的"两为主"政策框架进行制度创新，根据各个城市的流动人口、资源禀赋特点采取多样化的解决模式；二是地方政府之间的发展竞争推动了政策和制度变革的竞争；三是"中间扩散型制度变迁"，即由单一的自上而下的行政主导转为以地方教育制度创新为主。[②] 崔世泉等人于 2012 年对广州市进城务工人员随迁子女义务教育的政策变迁、财政保障政策变迁和进城务工人员子弟学校的政策变迁进行了梳理。[③] 海闻等人于 2012 年 9 月至 2013 年 3 月对北京农民工随迁子女在城市接受义务教育情况进行了深入调研，发现从总体来看，北京市对待农民工子女教育问题的态度比较消极，虽然政策方向正确，却没有对政策执行进行监督。[④] 钟燕等人于 2016 年基于 2014 年新修订的《广州市积分制入户管理办法实施细则》，分析了积分入户政策对新生代农民工子女接受义务教育的影响，认为政府需要在完善积分入户政策的基础上，采取积分入学并举的方式，加大随迁子女在流入地接受义务教育的可能性。[⑤]

---

①杨颖秀. 从"两为主"到"两纳入"——进城务工人员随迁子女义务教育政策的新突破[J]. 教育科学研究, 2017 (6)：21—25.

②杨东平, 陶红, 李阳, 等."围堵"和创新：解决流动儿童义务教育的地方政府行为研究[J]. 清华大学教育研究, 2011, 32 (6)：15—21.

③崔世泉, 赵格红, 张丽坤, 等. 广州市进城务工人员随迁子女义务教育政策变迁分析[J]. 教育导刊 (上半月), 2012 (2)：26—29.

④海闻, 于菲, 梁中华, 等. 农民工随迁子女教育政策分析——基于对北京市的调研[J]. 教育学术月刊, 2014 (8)：53—58, 64.

⑤钟燕, 张翼. 新生代农民工子女受教育权的实现与完善——以广州市积分入户政策为例[J]. 教育导刊 (上半月), 2016 (2)：32—35.

（三）随迁子女非义务教育阶段政策

对于非义务教育阶段，韩世强于 2010 年的研究认为我国学前教育中存在的制度"缺陷"与政府管理的"缺位"，是造成农民工子女接受学前教育困难极为关键的原因。[①] 张燕等人于 2010 年以北京市海淀区作为区位样本，考察了该区由民间兴办、未经教育部门注册、以农民工学龄前子女为主要收托对象的各种托幼机构，认为教育行政部门十分有必要建立弹性的评价标准和管理办法，使打工子弟幼儿园合法化，调整既有的资源配置方式，通过对面向弱势群体的机构给予倾斜性的政策扶持，帮助山寨园在保持原有优势的同时有所改进，并得到更好的发展。[②] 吴霓于 2011 年的研究以截至 2010 年 12 月可查阅到的文献为准，发现当前异地中考政策具有以下几个特点：第一，政策大多由劳动力流入相对较多的省、市出台，以地级市政策为主；第二，异地中考政策的探索最早始于 2003 年，在 2008 年这一政策的出台最为密集；第三，各地异地中考政策对农民工随迁子女大都设有一定的报考条件。[③] 杜永红等人于 2012 年的研究发现目前针对农民工随迁子女初中后教育出台的支持政策比较少，并且各地政策的差异相当大。具体而言可以分成四类：一是严格限制型，即明文规定当地高中只接纳本地户籍的初中毕业生；二是附加一定条件型，一些流入地的高中招生政策对农民随迁子女在本地就学设置一定的报考条件，但这些报考条件在限制程度上有所不同；三是完全开放型，这种政策规定农民工随迁子女可以接受流入地所有高中阶段教育；四是以中等职业教育作为突破口型，这种政策通过先行放开中等职业教育学校的报考条件，满足部分农民工随迁子女进一步升学的愿望。[④] 李根等人于 2014 年从制度分析与发展框架的视角出发，分析了农民工随迁子女异地高考政策的制定过程。在改进异地高考政策制定过程的建议方面他们认为：一是明确政策制定过程中中央和地方政府的职责；二是加快高校招生考试与指标分配规则的

---

①韩世强．农民工子女学前教育保障制度的建设[J]．学前教育研究，2010（3）：15—18.

②张燕，李相禹．山寨幼儿园与农民工子女学前教育——对北京市城乡交界处一个区位样本的调查与思考[J]．学前教育研究，2010（10）：3—8.

③吴霓．农民工随迁子女异地中考政策研究[J]．教育研究，2011（11）：3—12.

④杜永红，陈碧梅．农民工随迁子女初中后教育政策支持研究[J]．中国教育学刊，2012（5）：21—24.

优化调整；三是完善异地高考各方利益的整合机制。① 褚宏启于 2015 年的研究认为，异地中考、异地高考的改革，必须与户籍制度改革、中小学生学籍管理制度改革、居住证制度改革、教育投入体制改革以及农村转移人口市民化成本分担机制改革等协同推进。要破除教育二元结构，需要除教育制度之外的制度创新。②

（四）随迁子女教育经费和资源配置

在随迁子女教育经费和资源配置方面，杨明于 2015 年梳理了改革开放以来随迁子女义务教育公共资源配置政策的演进过程，具体包括财力资源配置、建设用地和教师编制的政策配置过程，并且分析了属地化管理体制下随迁子女义务教育公共资源的配置困境：一是流入地政府和流出地政府的义务教育财政投入职责分担不均；二是随迁子女高度集中地区的校舍建设用地不仅缺乏系统规划，而且明显供不应求；三是教师配置编制长期存在城乡倒挂的现象，随迁子女高度集中地区存在教师缺编的困境。③ 袁连生于 2010 年的研究将中央政府农民工子弟义务教育经费负担政策梳理为两个时期：一是管理责任下放，经费责任不明确时期；二是政府经费责任明确，但各级政府责任不清晰时期。他认为，中央政府在农民工子女义务教育经费负担问题上的半模糊政策，促使了各种不同的地方模式的形成，典型的有上海模式、北京模式、贵阳模式及广州模式四类，但总体来说，我国现行义务教育经费负担政策存在设计不完善、效果不理想的问题，需要继续改革和完善。④ 崔世泉等人于 2012 年分析了广州市农民工子女义务教育经费保障现状，体现为总量短缺、结构失衡、效率低下、缺乏公平，他们认为出现上述问题的原因在于农民工子女义务教育经费保障制度设计不合理，同时提出了建立农民工子女义务教

①李根，葛新斌．农民工随迁子女异地高考政策制定过程透析——从制度分析与发展框架的视角出发[J]．高等教育研究，2014（4）：16－22，28．

②褚宏启．城镇化进程中的户籍制度改革与教育机会均等——如何深化异地中考和异地高考改革[J]．清华大学教育研究，2015（6）：9－16，52．

③杨明．属地化管理体制下进城务工人员随迁子女义务教育公共资源配置探析[J]．浙江大学学报（人文社会科学版），2015（6）：153－163．

④袁连生．农民工子女义务教育经费负担政策分析[J]．中国教育学刊，2010（2）：1－5．

育经费保障机制的基本思路。[①]

（五）随迁子女教育政策的改革和完善

对于农民工随迁子女教育的政策如何改革和完善，许多研究者也进行了探索。崔世泉等人于2012年基于广州市进城务工人员随迁子女义务教育政策的现状，提出把中央政府和流入地政府应当承担的农民子女义务教育经费换成"教育券"，券随人走；完善进城务工人员随迁子女义务教育经费保障机制；重视对进城务工人员子弟学校的扶持力度，探索公共财政支持进城务工人员子弟学校的新途径和新机制。[②] 方巍于2012年的研究以杭州市为个案，分析了农民工子女社会融合政策方面面临的挑战，作者从长远的发展视野出发，以发展型社会政策为指引，试图确立完整的、具有投资或发展取向的农民工子女社会融合的政策体系。[③] 雷万鹏等人于2015年的研究发现目前随迁子女教育健康发展存在制度瓶颈，因此从起点公平、过程公平、结果公平三个层面构建了流动人口随迁子女平等接受义务教育的评价指标。也从城乡教育一体化发展的视角提出了变革举措，内容包括：以户籍改革破解流动限制、构建全国电子学籍系统、合理规划新型城市学校布局等。[④] 石宏伟等人于2015年的研究认为新生代农民工随迁子女义务教育公平问题现状存在教育起点不公平现状、教育过程不公平和教育结果不公平的现状，因此国家必须遵循公平正义的原则，加强户籍管理制度、教育管理制度、权力制约制度等系列相关制度的改革。[⑤] 徐晓新等人于2016年的研究认为流动儿童义务教育政策的实施虽取得积极成效但仍不理想的状况，折射出我国公共政策中家庭视角的缺失，认为我们不仅要逐步完善专门针对家庭的社会政策，更要重视在

①崔世泉，王红．建立农民工子女义务教育经费保障机制的思考——以广州市为例[J]．教育发展研究，2012（7）：38—44.

②崔世泉，赵格红，张丽坤．广州市进城务工人员随迁子女义务教育政策变迁分析[J]．教育导刊，2012（2）：26—29.

③方巍．农民工子女的城市社会融合——发展型社会政策视野下的杭州市个案分析[J]．浙江工业大学学报（社会科学版），2012（4）：415—420，457.

④雷万鹏，范国锋．流动人口随迁子女平等接受义务教育评价指标研究[J]．教育发展研究，2015（1）：67—70.

⑤石宏伟，孙静．新生代农民工随迁子女义务教育公平问题的制度研究[J]．江苏大学学报（社会科学版），2015（3）：61—65.

公共政策制定过程中引入家庭视角，将重视家庭的观念以及家庭的政策需求转化为国家行动。[①]

（六）基于其他视角的研究

除此之外，许多学者也基于别的视角对随迁子女的教育政策进行了思考。祝志芬 2011 年基于社会福利政策的视角，运用吉尔伯特社会福利政策框架，对当前农民工子女义务教育政策进行了分析。从社会分配基础来看，农民工子女义务教育政策覆盖人群广泛拓宽，标志着我国教育福利政策开始从补救模式向制度模式偏移；从社会福利的类型来看，农民工子女义务教育政策呈现了福利内容从不确定走向具体化、多样化；从输送系统来看，以"两为主"确定了公立学校是主要的输送系统，"采取多种形式"，使民办学校、打工子弟学校、简易学校等私立学校涌现，丰富了教育福利政策的输送系统；从资金筹措来看，中央政府须为农民工子女义务教育定期拨款，这是资金来源的主要渠道，地方政府是管理的责任主体。[②] 胡伶等人于 2013 年基于博弈论的视角，对中部某省某县"初中进城"政策进行了研究，认为"初中进城"政策贯穿着政府与学校（校长、教师）的博弈，政府与社会（学生、家长）的博弈。[③] 刘谦等人于 2015 年的研究基于复杂性理论视角，结合北京市 C 区随迁子女教育政策案例，从不同的利益主体对"随迁子女""主要责任""义务后教育升学考试"等理念进行不同解读，来解释政府政策制定和现实实施会出现种种差异的原因，以期为促进政策调整、实现政策和地方多样需求之间的微妙平衡提供可能。[④]

二、家庭角度

从农民工随迁子女家庭因素的角度，研究者主要探讨了家庭因素对随迁

---

①徐晓新，张秀兰.将家庭视角纳入公共政策——基于流动儿童义务教育政策演进的分析[J].中国社会科学，2016（6）：151−169，207.

②祝志芬.农民工子女义务教育政策分析——基于社会福利政策的视角[J].教育发展研究，2011（3）：67−70.

③胡伶，范国睿.博弈论视角下的"初中进城"政策研究——以中部某省 FY 县"初中进城"政策过程为例[J].教育理论与实践，2013（4）：12−16.

④刘谦，生龙曲珍.随迁子女教育政策复杂性研究——以北京市 C 区为例[J].中国教育学刊，2015（6）：20−27.

子女随迁意愿、择校、学校适应等的影响，以及农民工子女的家庭教育和家校合作情况等。

（一）家庭因素对农民工随迁子女教育的影响

众多研究表明，家庭因素对农民工随迁子女教育具有重要影响。黄兆信等人于 2014 年的研究表明：一方面，农民工总体来说较低的就业层次使他们无法拥有丰富的政治资本、经济资本和文化资本，无法为随迁子女提供较好的学习机会和学习条件；另一方面，农民工家庭亲子关系较疏远，与城乡家庭相比其他家庭氛围差距也较大，容易导致随迁子女对周边的环境和人产生消极的认知和体验。[1] 从随迁意愿看，雷万鹏等人于 2016 年对深圳、东莞、广州、杭州、武汉、宜昌 6 个城市进行的实地调查，发现学历和收入越高、职业越稳定的农民工，越期望子女在城市就读；相比老一代农民工，新生代农民工对子女就学地点有强烈的城市偏好；跨省流动家庭更倾向于让子女留守农村老家；农民工对政策熟悉度越高，希望子女在县镇就读的意愿越弱；农民工对入学政策认可度越高，希望子女在城镇就读的意愿越强。[2] 吕利丹等人于 2013 年以重庆市为例，分析了儿童个人特征、父母个人特征、家庭特征和流入地流出地发展水平等因素对流动人口子女随迁与否的影响。研究发现：父母的受教育程度对子女随迁与否存在影响，但只有在父母的教育程度在大专及以上时，更高的教育程度对子女随迁的促进效果才会有统计上的显著性，而且父亲的教育程度影响更大；母亲是否流动、流向哪里对子女的随迁决策十分关键；当户籍地的居住环境较差时，流动人口更倾向于安排子女随迁。[3] 从择校方面看，苑雅玲等人于 2012 年对中国人民大学人口与发展研究中心于 2010 年 5—6 月进行的"北京市儿童发展状况调查"（该调查选取公立学校和打工子弟学校共 11 所）数据进行研究，研究结果发现，家庭社会经济水平高、家庭子女少、社会网络质量好、家庭教育期望高条件好的流动人口家庭

---

①黄兆信，万荣跟．农民工随迁子女融合教育研究［M］．北京：中国社会科学出版社，2014：124-132.

②雷万鹏，徐璐．城镇化背景下农民工子女就学地选择意愿及其影响因素研究［J］．华中师范大学学报（人文社会科学版），2016（6）：150-158.

③吕利丹，王宗萍，段成荣．流动人口家庭化过程中子女随迁的阻碍因素分析——以重庆市为例［J］．人口与经济，2013（5）：33-40.

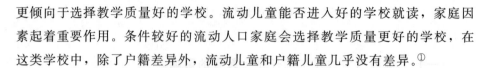

更倾向于选择教学质量好的学校。流动儿童能否进入好的学校就读，家庭因素起着重要作用。条件较好的流动人口家庭会选择教学质量更好的学校，在这类学校中，除了户籍差异外，流动儿童和户籍儿童几乎没有差异。[①]

（二）随迁子女的家庭教育情况

研究者们也针对农民工随迁子女的家庭教育情况进行了研究。生龙曲珍等人于2014年对北京市某农民工子女家庭进行了田野调查，以教育人类学的视角呈现了文化资本在家庭教育脉络中的流动，他们发现农民工家庭中物化文化资本数量有限且质量差、内化文化资本不充足、制度化文化资本短缺等问题制约了良好教育氛围的形成，削弱了教育实现向上流动的可能性。[②] 陈霞等人在2012年对河北保定的部分新生代农民工进行了调查，探讨新生代农民工对子女教育认知度与教育行为之间内在的影响机制。研究发现，新生代农民工对其子女教育的价值认知、期望认知以及收益认知都比较高，这使新生代农民工在教育行为上，对子女教育的资金投入非常大，对子女教育的辅导次数多，与学校教师交流次数也多。[③] 潘旦等人在2010年对上海、杭州、温州、广州等城市进行了调查，发现：在农民工家庭教育内容方面，家庭教育内容和学校教育内容是一致的，农民工在家庭教育方面特别重视学习成绩，希望子女能够在学历上有所突破；在家庭教育方式方面，那种对子女放任型和粗暴型的教育方式已经大大减少，而与子女进行沟通交流式的民主型家庭教育方式越来越受到农民工父母的重视，但是对于如何实施却不甚明确。[④] 黄兆信等人于2014年的研究认为，虽然总体来说，农民工对子女的家庭教育情况不甚理想，但也有利于其子女融入城市社会的几方面：第一，对那些进入城市学校的随迁子女来说，他们拥有了老家同龄人所没有的教育资源；第二，与静态的农村环境相比，城市环境为随迁子女发展提供了异彩纷呈的外部条

---

①苑雅玲，侯佳伟．家庭对流动儿童择校的影响研究[J]．人口研究，2012（2）：106—112.

②生龙曲珍，栾殿飞．农民工子女的教育人类学研究[J]．西南民族大学学报（人文社科版），2014（2）：28—31.

③陈霞，申屠珊．城市化进程中新生代农民工随迁子女教育研究——基于教育认知度及教育行为的视角[J]．城市发展研究，2012，19（4）：95—100.

④潘旦，王新．基于融合教育视角的农民工子女家庭教育研究[J]．社会科学战线，2010（4）：255—258.

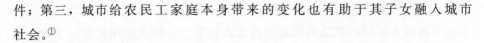

件；第三，城市给农民工家庭本身带来的变化也有助于其子女融入城市社会。[1]

（三）农民工随迁子女的家校合作情况

还有研究者专门从农民工家庭与城市学校合作角度展开了探索。李亚军等人于 2011 年对贵阳市的四所民办私立学校的农民工家长进行了调查，发现：在家校合作的现状方面，贵阳市农民工子女学校的办学在一定程度上得到了家长们的认可；农民工子女家庭和学校有一定的来往，但其家校合作形式简单。在家校合作的效果方面，由于农民工身份的特殊性，家校合作在一定程度上和一定范围内对农民工子女教育有着非常重要的影响力。[2] 刘谦等人于 2012 年的研究采用教育人类学视角和田野观察方法，结合问卷，通过对农民工随迁子女的家庭教育和学校教育的实证观察，揭示了二者的互动机理与规律，研究发现，农民工随迁子女的家校互动模式大致可分为三类：一是干预性教育行为，这与学校教育要求显示出一致性和连续性，体现了家庭教养和学校教育共同发挥作用的过程。二是非干预性家庭教育行为，具体而言又分为两种情况，一个是"视而不见"的非干预性教育行为，即农民工家长由于个人经历、教育理念和所持社会资本所限，对子女的教育问题没有给予重视和及时修正；另一个是"不视而在"的非干预性教育行为，即随迁子女作为家校沟通的主要媒介，遮蔽了学校与农民工家长之间的联系，有可能带来家长对学校教育的失语，使家长处于非干预状态。三是情境性教育行为，进城务工人员所具备的文化惯习、社会资本、经济资本甚至是文化自信心，会以规范缺失的方式，呈现给子女，并被作为文化模仿的对象，从而实现代际传递。[3] 黄兆信等人在 2014 年的研究从学校、家庭和社区合作共育的角度，发现在农民工随迁子女融合教育的推进过程中，学校以及家庭、社区之间也产生了许多矛盾和隔阂，具体体现在三方面：第一，缺乏合作意识，在随迁

①黄兆信，万荣跟 . 农民工随迁子女融合教育研究[M]. 北京：中国社会科学出版社，2014：133－134.

②李亚军，李启洪 . 农民工子女家校合作状况的调查研究——以贵阳市四所农民工子女学校学生家庭为例[J]. 青年研究，2011（4）：29－37，94.

③刘谦，冯跃，生龙曲珍 . 家庭教育与学校教育互动的文化机理初探——基于对北京市农民工随迁子女教育活动的田野观察[J]. 教育研究，2012，33（7）：22－28.

子女的融合教育问题上，各主体都不愿主动联合其他主体，三者都以各自的名义实施教育活动，缺乏共同组织的意向；第二，缺乏合作途径，学校、社区和家庭在帮助随迁子女融入城市时，没有形成专门的组织架构，也没有共同的联系部门；第三，缺乏激励机制，与政府政策不同，学校、家庭以及社区对随迁子女实施融合教育，只是一个自发和自愿参与的过程，没有强制力的约束，也没有相应的保障机制和激励机制。因此，黄兆信提出在当前随迁子女的教育中，要加强学校、社区以及家庭的联系，使融合教育的效果具有持续性和深远性。①

三、学校角度

从学校的角度，自 2010 年以来，学界对农民工随迁子女教育的研究主要从以下三个方面展开：不同学校类型对随迁子女的教育产生的影响、随迁子女学校适应问题、融合教育以及学校如何更好地为随迁子女提供帮助。

(一) 不同类型城市学校对农民工子女教育的影响

熊易寒等人于 2012 年在上海市 Y 区的几所农民工子弟学校开展了田野调查，来探究学校类型对农民工子女价值观和行为模式的影响。实证研究发现：第一，就读于公办学校的农民工子女更接近主流价值观，而农民工子弟学校的学生与主流价值观表现出一定的疏离；第二，就读于公办学校的农民工子女更为强烈地感受到城市主流社会的歧视；第三，就读于公办学校的农民工子女对于个人前景的预期低于农民工子弟学校的学生，具有更强的挫败感。②还有研究发现：公办学校在随迁子女教育中也存在缺位现象，体现在教师对随迁子女教育的认识存在误区，表现出畏难情绪；在教育教学过程中缺乏针对性指导，学生面临学业与心理双重困境；教师与家长的联系不够紧密等。③

①黄兆信，万荣跟. 农民工随迁子女融合教育研究[M]. 北京：中国社会科学出版社，2014：187－190.

②熊易寒，杨肖光. 学校类型对农民工子女价值观与行为模式的影响——基于上海的实证研究[J]. 青年研究，2012 (1)：71－82，96.

③陈静静. 公办学校在随迁子女教育中的主体责任及其实现——以上海市浦东新区为例[J]. 教育科学，2014 (2)：63－68.

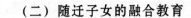

（二）随迁子女的融合教育

许多研究者对农民工随迁子女的学校适应问题进行了研究。胡之骐等人于2014年对西南地区农民工随迁子女个案进行了一年的跟踪调查发现，这些随迁子女在城市学校一年的学习过程中，自我管理适应、人际交往适应、周围环境适应以及积极人格适应4个维度上均有显著性变化，其发展变化关键期为二至三年级，从三年级开始，变化逐渐趋缓。[1] 庄西真等人于2015年对苏州市、无锡市和常州市的12所公立学校和6所打工子弟学校就读的流动人口子女进行了抽样调查，研究发现，父母的受教育程度、职业稳定性和收入状况等因素对流动人口子女的教育融城影响较为显著，影响主要表现在学习融入、人际融入以及心理融入等方面。[2]

基于农民工随迁子女学校适应的现状，融合教育成为当前进城农民工教育问题研究中的一个新问题。查啸虎等人于2011年的研究从课堂文化内容的角度，分析了进城农民工子女的课堂文化冲突的主要表现，包括价值倾向的冲突、符号体系的冲突、规范意识的冲突、教学行为的冲突，并据此提出了促进农民工子女课堂文化融合的策略。[3] 吴新慧于2012年的研究在融合教育视角下探讨了农民工子女与同辈群体交往过程中遭遇歧视状况及歧视知觉状况，比较被歧视经历与歧视知觉发现，农民工子女的歧视知觉要高于歧视经历。[4] 张光陆于2015年基于解释学的视角，对外来务工人员随迁子女的学校教育融合进行了分析，认为当前外来务工人员随迁子女的学校教育融合存在着诸如"物化观""同化观""福利观"等主要问题，未能实现实质上的教育公平，可以通过创设道德性学校文化、鼓励外来务工人员随迁子女参与学校规范的制定、开发校本课程、构建全人发展的评价体系等途径来促进外来务

---

①胡之骐，张希希. 进城农民工子女城市学校教育适应性问题研究——基于对西南地区进城农民工子女的跟踪调查[J]. 中国教育学刊，2014（8）：1—7.

②庄西真，李政. 流动人口子女城市教育融入问题的调查分析——以苏南地区为例[J]. 教育研究，2015（8）：81—90.

③查啸虎，黄育文. 从冲突到融合：进城农民工子女的课堂文化适应研究[J]. 教育科学研究，2011（1）：27—30.

④吴新慧. 农民工子女歧视知觉与校园适应——"融合教育"的视角[J]. 杭州电子科技大学学报（社会科学版），2012（2）：45—50.

工人员随迁子女的学校教育融合。① 周宜于 2016 年的研究认为，农民工随迁子女面临的文化区隔既是对农民工文化区隔的承袭与体现，又有其作为农民工随迁子女群体而有的特性，具体体现在：制度区隔是农民工随迁子女无法逾越的铜墙；空间是导致农民工随迁子女文化区隔的一个重要方面，农民工随迁子女因曾经所处的不同地域和文化差异，使他们在教育中更容易面临困境，面临文化和心理区隔。② 黄兆信等人于 2014 年的研究认为，无论从城乡学生的健康成长和相互接纳来说，还是从城乡文化的相互交融来说，在教育方面都必须从"区隔"走向"融合"，并从农民工子女融合教育的理论构想、目标确定、内容建构、实施原则、实施模式等方面进行了深入的探究。③

（三）促进随迁子女更好地融入城市学校的建议

还有研究者从农民工子弟学校的建设、多元文化氛围的构建、校本课程的开发等角度探讨了如何促进农民工随迁子女更好地融入城市学校。吴霓于 2010 年的研究分析了民办农民工子女学校设置标准的政策沿革，认为《中华人民共和国民办教育促进法》的有关规定对民办农民工子女学校设置标准带来了困境，认为民办农民工子女学校的设立，应在全面贯彻国家《义务教育法》和《中华人民共和国民办教育促进法》的前提下，达到安全标准、准入条件、学校规模、学校设施、师资标准、师生比例、课程标准等基本指标。④近几年来，南京坚持对义务教育阶段进城务工人员子女实施以"同城待遇、同班学习、同步发展"为重点的"三同教育"，王平强等人于 2010 年以南京市一农民工子女为学生主体的公办学校——南京市宁工小学为例，介绍了该校建立多元文化教育理念、优化学科设置、推进学校教育公平的实践措施，

---

①张光陆. 解释学视角下外来务工人员随迁子女的学校教育融合：问题与对策[J]. 教育发展研究，2015（10）：53—58.

②周宜. 农民工随迁子女文化区隔现状及其突破——基于对北京市农民工随迁子女教育活动的调查[J]. 现代中小学教育，2016（1）：5—9.

③黄兆信，万荣跟. 农民工随迁子女融合教育研究[M]. 北京：中国社会科学出版社，2014：59—89.

④吴霓. 民办农民工子女学校设置标准的政策困境及解决措施[J]. 教育研究，2010（1）：23—28.

以期为推进学校多元文化交融提供借鉴。[1] 万荣根等人于2015年对上海、杭州、温州等城市的12所接纳农民工随迁子女公办学校的一至八年级600多名教师就融合教育校本课程的开发现状进行了调查，发现了以下问题：接纳农民工随迁子女学校有开发校本课程的美好愿望，但由于各种原因导致这一设想并没有变成现实；教师更关注的是农民工随迁子女学习方面的需求，至于学生的心理融合、文化融合，比如归属感、身份认同等方面的深层次问题，并没有给予关注。因此可以通过提出树立融合教育理念、构建融合教育活动课程体系、推进多方深度合作等措施，使融合教育校本课程能满足城乡学生发展的需求，真正促进农民工随迁子女融入城市社会。[2]

　　总而言之，自2010年以来，我国经济运行状况总体稳中有进，城镇化水平持续提高，在未来一段时期内，我国仍处于城镇化快速发展阶段，人口流动迁移将持续活跃。"举家搬迁"成为新时期农民工流动的新常态，家庭化的迁移给城市带来了农民工随迁子女的教育问题。一直以来，我国政府非常重视农民工随迁子女在城镇接受教育的问题。从20世纪80年代找不到随迁子女的教育政策依据，到90年代以来先后出台了数十部有关农民工子女教育的政策，到2001年"两为主"等政策的相继出台，再到自2010年以来，中央和地方颁布了一系列进一步保障随迁子女受教育权的政策文件，社会的关注重点从解决随迁子女"入学难"的问题转到深入推进城乡义务教育均衡发展，从解决随迁子女入学的现实问题转到从制度上为其受教育权提供保障，从解决随迁子女在当地接受义务教育的问题转到探索其学前教育和义务教育，从关注随迁子女接受教育的机会公平转到关注过程公平，国家政策经历了一系列演变过程，为随迁子女在城镇就学升学提供了一定保障。目前学界对农民工随迁子女教育的研究比较丰富，主要从社会政策、家庭和学校三个视角来进行研究，既基于已有的关于随迁子女教育的社会政策，追溯了政策的变迁过程，探索了完善政策的途径；又从随迁子女家庭因素的角度，探讨了家庭因素对农民工随迁子女教育的影响以及如何整合学校、家庭和社区的力量，

---

①王平强，陶积军，徐文彬．多元文化交融及其教育影响——以一农民工子女为学生主体的公办学校为例进行分析[J]．教育导刊，2010（10）：36—40.

②万荣根，郭丽莹，黄兆信．农民工随迁子女融合教育校本课程开发研究[J]．教育研究，2015（9）：111—118.

共同为随迁子女构建一个完整的社会教育体系；还从学校的角度，研究了不同学校对随迁子女教育产生的影响和随迁子女学校适应、社会融合等问题，在一定程度上呈现了现阶段农民工随迁子女的教育现状，为国家相关政策的制定提供了依据。

但未来如何促进我国农民工流动更加合理有序，如何进一步保障城乡义务教育公平，如何推动异地中考和异地高考制度改革以解决随迁子女升学难的问题，以及如何帮助随迁子女真正适应城市学校，实现社会融合等问题，任重而道远。

第六章 农民工子女城市教育的实践研究

为了考察农民工子女在城市接受义务教育的情况，本章报告了对江浙沪地区农民工子女教育情况的调研，主要涉及的城市有上海、南京、苏州等地区。这些地区近 20 年有着飞速的经济发展，带动了大量的城市务工人员进城，因此，农民工子女的数量也在急剧增长。在调研的城市中，很多学校的农民工子女的数量占到学校总人数的一半，甚至超过了本地户籍的儿童。项目调研的农民工子女主要就读于两类学校：①城市的公立学校，可招收部分的农民工子女；②城市的农民工子女学校，专门招收农民工子女。我们通过对两类学校农民工子女的教育水平进行对比和分析，探讨目前国家政策的实施对农民工子女教育的影响，以及为未来可以改进和提升的教育政策提供实证数据。该课题调研时间为 2012—2018 年，共计 6 年的时间。

在本章节中，研究的内容分为 4 个主题：①学生的学业发展水平；②教师的态度与实践；③农民工子女的态度和实践；④课堂的教学与新课改的实施。每一章节对应介绍一个主题，陈述了相对完整的研究报告。

第一节　农民工子女的学业成绩研究

一、课题介绍背景与意义

自 20 世纪 90 年代以来，大量的农民工进城务工，他们的子女也随之就读于该城市的学校。各地政府在农民工子女的教育上做了很大的努力，以缩小城乡儿童之间的学业成绩差距。目前有关农民工子女数学发展水平的研究已经提供了一些实证的数据，但是我们对于城市中不同类型的农民工子女的学业发展水平缺乏横向的比较。研究显示，农民工子女的学业发展水平偏低，但是我们需要思考：与城市儿童相比，农民工子女的学业水平偏低吗？差距到底多大？差距表现在哪些方面？不同类型学校的农民工子女学业发展有不同吗？有哪些不同？等等。这些问题本章将要一一解答。

本章以数学成绩水平为出发点，对农民工子女的学习状态进行研究，以更好地帮助农民工儿童提高教育水平。文中讲述了农民工子女的数学学习水平，以及与农民工子女的性别、学校类型和进城读书时间长短之间的关系，预期对中国农民工子女的数学发展状况有新的了解和认识。

二、样本选取基本情况

在第一阶段的调查中，有 1808 位学生参与。为了保证研究数据的可比较性，选取的是来自同一个城市、都使用相同版本的教材和遵循统一的教学进度，并参加统一的测查考试的学生。其中农民工子女 839 人，占总人数的 46.4%；非农民工子女人数（在此次调查中为有城市户籍的本地儿童）为 969 人，占总人数的 53.6%。1808 位学生中有 478 位来自农民工子女学校，1330 位来自农民工子女全纳教育学校。在此基础上，学生分为三种类型：①农民工子女学校的农民工子女（26.4%，n＝478）；②全纳教育学校的农民工子女（20%，n＝361）；③全纳教育学校的城市儿童（53.6%，n＝969）。表 6-1 列举了各年级参与调查研究的学生的数量。

表 6-1 参与研究的学生年级与数量

年 级	农民工子女学校	全纳教育学校		数量 n（人）	百分比（%）
	农民工子女（人）	农民工子女（人）	城市儿童（人）		
二年级	174	122	275	571	31.6
三年级	104	89	261	454	25.1
四年级	108	70	230	408	22.6
五年级	92	80	203	375	20.7

续表

| 年　级 | 农民工子女学校 | 全纳教育学校 | | 数量 n | 百分比 |
	农民工子女（人）	农民工子女（人）	城市儿童（人）	（人）	（％）
共　计	478 （26.4％）	361 （20％）	969 （53.6％）	1808	100.0

参与的学生中，男生为 1048 人（58.2％），女生为 760 人（41.8％）。按照性别划分，具体的数量见表 6-2。

表 6-2　参与研究的学生性别与数量

学校类型	学生分类	男生（n）	女生（n）	男生（n）	女生（n）
农民工子女学校	农民工子女	278 人	200 人	15.4％	11.1％
全纳教育学校	农民工子女	203 人	158 人	11.2％	8.7％
	城市儿童	567 人	402 人	31.4％	22.2％
总　　计		1048 人	760 人	58.0％	42.0％

表 6-3 列举出参与研究的父母的背景情况。按照两类学校的划分，父母的职业和教育背景进行对比。结果显示：两类学校的农民工子女父母在职业的分类（χ^2（4，N＝839）＝302.66，P＜.001），以及教育背景上存在显著的差异（χ^2（4，N＝839）＝139.45，P＜.001）。超过一半的（55.6％）农民工子女学校的家长仅完成义务教育，为初中毕业。对比之下，全纳教育学校的农民工子女父母则有更高的教育背景。

表 6-3　农民工子女的家长背景信息

	变　量	农民工子女学校	全纳教育学校	χ^2
职业	无工作	3.1％	1.1％	302.66***
	工厂工人	50.2％	19.1％	
	个体户	36.2％	11.4％	
	事业单位	9.6％	63.2％	
	政府职员	.8％	5.3％	

续表

变　量		农民工子女学校	全纳教育学校	χ^2
教育背景	小学毕业	11.3%	7.8%	139.45***
	初中毕业	55.6%	30.2%	
	高中毕业	32.6%	38.8%	
	中专/专科	.4%	20.5%	
	本科及以上	.0%	2.8%	

备注：* P<.05. ** P<.01. *** P<.001.

表 6-4 列举了参与研究的农民工子女的背景信息。在全纳教育学校读书的农民工子女中，有 72.9% 的学生在城市居住的时间已经超过 8 年，而在农民工子女学校，这个比例仅仅为 20.7%，几乎所有的儿童在小学入学前都接受过学前教育，仅有 5% 的农民工子女学校的儿童未读过幼儿园。在全纳教育学校里，85.9% 的农民工子女是独生子女，而农民工子女学校的儿童有较多的兄弟姐妹。统计学分析结果显示，两类学校的农民工子女在兄弟姐妹的数量方面存在显著的差异，tyPe：（χ^2（3，N=839）=127.04，P<.001）。

表 6-4　农民工子女的背景信息

变　量		农民工子女学校	全纳教育学校	χ^2
城市居住时间	2 年及以下	19.0%	5.0%	264.27***
	2~5 年	44.8%	6.9%	
	5~8 年	15.5%	15.2%	
	8 年及以上	20.7%	72.9%	
是否上过幼儿园	是	95.0%	100.0%	18.66***
	否	5%		
兄弟姐妹	0 个	49.4%	85.9%	127.04***
	1 个	28.7%	11.4%	
	2~3 个	18.4%	2.8%	
	3 个以上	3.6%	.0%	

备注：* P<.05. ** P<.01. *** P<.001.

三、学生学业成绩分析与结果

学生的学业成绩主要是数学的学业成绩，一般使用三分制法："优秀""及格"和"不及格"。二至五年级，数学测试的试卷是根据当地教育局以及课程标准的要求制定的，包括数和运算（20％）、概念理解（40％）和问题解决（40％）。测验的总分为百分制。按照教育局的要求，60分为及格线，低于60分为不及格，80分及以上为优秀。每个年级的数学测验试卷不同，内容与每个年级的儿童的学习能力相匹配。

（一）学业成绩发展水平的比较

本书将学生的学业成绩在三类学生中进行比较。在不同年级，学生的成绩水平有所不同。在三类学生中，全纳教育学校的城市儿童的学业成绩水平最高，其次是全纳教育学校中的农民工子女，再次是农民工子女学校的学生。图6-1中显示，全纳教育学校中城市儿童和农民工子女在二至五年级时期的成绩非常接近，相比之下，农民工子女学校的学生远远落后于前两类学生。

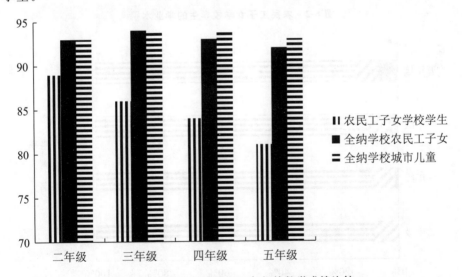

图6-1　三类学生在二至五年级的数学成绩比较

除了分析学生的平均成绩，本书还使用优秀率（达到优秀的数量/总数量）、及格率（达到及格的数量/总数量）、不及格率（不及格的数量/总数量）

三类分析学生的学业发展水平。如图 6-2 所示，在农民工子女学校中，随着年级的增长，学生的学业优秀率逐渐下降。相比之下，全纳教育学校的学生学业水平如图 6-3 所示，学生的学业成绩优秀率远远高于农民工子女学校的学生学业水平。

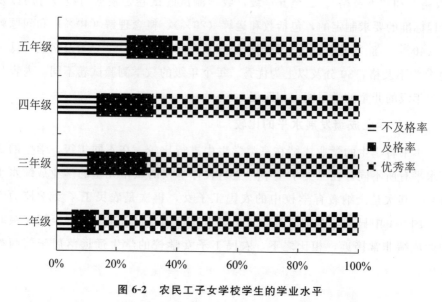

图 6-2　农民工子女学校学生的学业水平

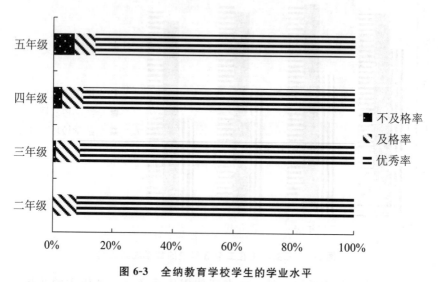

图 6-3　全纳教育学校学生的学业水平

卡方检验表明：三类学生的数学学业成绩存在显著的差异：χ^2（4，N＝1808）＝307.9，P<.005。在三类学生中两两对比检验发现，农民工子女学

校的学生与全纳教育学校的农民工子女之间存在显著差异（P<.005），农民工子女学校的学生与全纳教育学校的城市儿童之间存在显著差异（P<.005），全纳教育学校的农民工子女与城市儿童之间在学业上并无显著性差异（P>.005）。

（二）学生学业成绩与迁移至城市的时间长短的关系

农民工子女的学业成绩从他们迁移至城市时间的长短方面进行分析。农民工子女迁移至城市的时间分为 4 种类型：2 年以下、2～5 年、5～8 年以及 8 年以上。研究结果显示，学生随着迁移至城市时间的增长，其学业水平差距越大。尤其是农民工子女迁移至城市 5～8 年以及 8 年以上的，学业成绩差距更大。换句话说，随着农民工子女在城市的农民工学校读书时间的增加，与全纳教育学校的农民工子女成绩的差异就越大。统计分析显示，两类学校的农民工子女学业成绩在迁移至城市时间长短方面存在显著的差异：χ^2（6，N=1808）=71.6，P<.005。（见图 6-4）

（三）学业成绩与性别的关系

在两类学校中，按照学生的性别进行分类，分为 4 类：480 个农民工子女男生，359 个农民工子女女生，567 个城市男生，402 个城市女生，共计 1808 个学生。首先通过分析性别和学业成绩之间的比较发现，在农民工子女群体中，男生在二、三年级的学业成绩高于女生，但是在四、五年级成绩却低于女生。统计分析结果显示，农民工子女男生在小学阶段初期成绩更高，但是随着年级的增长，女生的学业成绩反超男生。相比之下，在城市学生的样本中，2～5 年级女生的学业成绩始终高于男生，但是男女生之间的平均值差距很小。统计学分析结果显示，这两类学生之间的学业成绩并无显著的差异（P>.005）。

其次，将这 4 类学生的学业成绩进行对比。结果显示，在二年级和三年级中，城市女生的学业成绩得分最高，其次是城市男生，再次是农民工子女男生，最后是农民工子女女生。在四年级和五年级中，城市女生学业成绩得分最高，其次是城市男生，再次是农民工子女女生，最后是农民工子女男生。使用卡方检验，结果显示，4 类学生的学业成绩存在显著差异：χ^2（8，N=1808）=151.3，P<.005。其中，城市男生和女生存在显著差异（P<.005），但是农民工子女男生和女生的学业成绩并无显著差异（P>.005）。（见表 6-5）

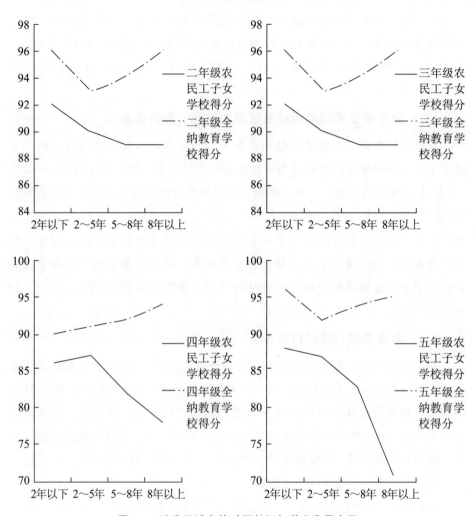

图 6-4　迁移至城市的时间长短与学业发展水平

表 6-5　学业成绩与性别的描述统计

年　级	性　别	农民工子女			城市儿童		
		M	SD	n	M	SD	n
二年级	男　生	90.3	8.9	164	94.2	5.9	165
	女　生	89.5	9.7	132	95.4	4.3	110
三年级	男　生	87.7	13.6	108	95.1	5.1	158
	女　生	84.1	13.5	85	95.3	4.3	103

年　级	性　别	农民工子女			城市儿童		
		M	SD	n	M	SD	n
四年级	男　生	82.7	15.8	112	91.8	7.1	130
	女　生	84.0	15.4	66	92.9	7.4	100
五年级	男　生	76.4	26.1	96	90.8	11.9	114
	女　生	81.9	21.3	76	91.2	11.4	89

（四）相关分析与回归分析

使用回归分析，对学业成绩和学生背景之间的关系进行分析，学生背景包括父母的工作和教育背景、学生的家庭背景、兄弟姐妹的数量、是否上过幼儿园等。家长的社会经济背景按照父母的教育背景编码（0～5）、家长的职业编码（0～4）进行分析，根据 Lim 和 Gemici 于 2011 年的研究，对家长的教育背景和职业的编码进行相乘，得到的结果分布区间为0～20，0 代表最低的社会经济背景，20 代表最高的社会经济背景。对 0～20 之间的分数进行四等分法，1 代表最低等级，得分为 0～5；4 为最高等级，得分为 16～20。

在数据编码处理完成后，使用 SPSS 进行相关分析，结果显示，在两类学校中，家长的社会经济背景与学生的学业成绩呈显著的正相关（$P < .01$）。兄弟姐妹的数量与学生的学业成绩呈显著的负相关（$P < .01$）。与全纳教育学校的学生不同的是，农民工子女学校的学生迁移至城市的时间长短与学生的学业成绩呈现显著的负相关（$-.556^{**}$）。（见表 6-6）

表 6-6　研究变量的相关分析

	1	2	3	4
1. 学业成绩	—	$.200^{**}$	$-.720^{**}$	$-.556^{**}$
2. 家长社会经济背景	$.295^{**}$	—	$-.243^{**}$	$-.101^{*}$
3. 兄弟姐妹的数量	$-.172^{**}$	$-.333^{**}$		$.510^{**}$
4. 迁移至城市的时间	$.085$	$.207^{**}$	$-.331^{**}$	—

备注：农民工子女学校学生（n＝478）在上半部分；全纳教育学校农民工子女（n＝361）在下半部分。$^{*}P < .05$。$^{**}P < .01$。

Lai 等人（2012，2014）对此进行了研究，个人的背景信息和学校的质量如何影响中国农民工子女的学业成绩，他们的研究试图鉴别在农村学校的学生与城市的农民工子女学校的学生之间的差异，以及其相关性。针对两类学校学生的学业差异进行解释：一是"学校选择的因素"，就是说家长拥有更好的社会经济背景也更有助于将孩子带进城市的学校读书；二是"学校质量的因素"，学校的因素包括学校的资源、基本设施、教师的教学质量等。本书建立在 Lai 等人的研究基础之上，把预测学生学业水平的模型进一步扩展，如下：

$$Y_{ix} = \beta_0 + \beta_1 X_i + \beta_2 S_i + \beta_3 M_i + E_{ix}$$

在这个模型中，Y_{ix} 是农民工子女的数学学业成绩，X_i 代表学生在农民工子女学校或者全纳教育学校读书。S_i 代表学生的变量，包括学生的兄弟姐妹数量，迁移至城市的时间长短，学生性别，是否上过幼儿园等。M_i 代表家长的变量，包括家长的社会经济背景。其他影响学业成绩的因素包含在 E_{ix} 中。β_1、β_2 和 β_3 分别代表显著性因子的系数。

使用回归分析，对哪些变量可以预测学生进入全纳教育学校进行分析。把两类学校的农民工子女作为一个样本，农民工子女数量为839，回归分析的结果显示，有三个变量显著预测学生的学业成绩（$P < .01$），这三个变量为家长的社会经济背景、兄弟姐妹的数量、迁移至城市的时间。（见表6-7）

表6-7 回归分析结果（模型一）

	β	S E	Wals	ExP β
家长的社会经济背景	1.212**	.142	72.900	3.361
迁移至城市的时间	1.347**	.112	144.069	3.846
兄弟姐妹的数量	−1.242**	.168	54.765	.289
常　量	−5.532			

备注：R^2（Cox & Snell）= .498；R^2（Nagelkerke）= .668. N=839.

* $P < .05$. ** $P < .01$.

使用回归分析，对农民工子女的学业成绩进行变量预测分析。首先，将农民工子女作为一个样本进行回归分析，见表6-8，通过分析家长的社会经济背景、兄弟姐妹的数量、迁移至城市的时间以及就读学校的类型，可以显著地预测学生的学业成绩（$R^2=.51$，$F(5, 833)=176.48$，$P<.01$）。其次，将农民工子女按照就读学校的类型分为两类：农民工子女学校和全纳教育学校，结果见表 6-8。对于农民工子女学校学生，迁移至城市的时间以及兄弟姐妹的数量显著地负向预测学业成绩；也就是说，控制其他变量后，农民工子女学校的学生来城市读书的时间越长，兄弟姐妹越多，更容易导致学业成绩下降。上过幼儿园则显著地正向预测学业成绩（$R^2=.59$，$F(4, 473)=167.97$，$P<.01$）。对于全纳教育学校的农民工子女而言，家长的社会经济背景是唯一显著正向预测学业成绩的变量（$R^2=.07$，$F(3, 357)=9.51$，$P<.01$）。

表 6-8　学业成绩的预测（模型二）

	总样本 （N＝839）			农民工子女学校 （N＝478）			全纳教育学校 （N＝361）		
	B	SE	Beta	B	SE	Beta	B	SE	Beta
SES	.068	.195	.116**	.071	.043	.050*	.088	.017	.275**
SN	−.358	.018	−.445**	−.396	.029	−.484**	—	—	—
LR	−.164	.023	−.289**	−.200	.024	−.284**	—	—	—
PA	.759	.017	.202**	.686	.100	.210**	—	—	—
ST	.265	.094	.209**	—	—	—	—	—	—

备注：总样本 $R^2=.514$；农民工子女学校样本 $R^2=.587$；全纳教育学校样本 $R^2=.074$.C：常量.SES：家长的社会经济背景.LR：迁移至城市的时间.SN：兄弟姐妹的数量，PA：上过幼儿园.ST：学校类型.

* $P<.05.$ ** $P<.01.$

四、研究结果讨论

为了考察农民工子女的学业成绩及其影响因素，本书选取了城市中两类学校的农民工子女进行比较与分析。首先，该研究验证了已有的研究发现，农民工子女在不同学校类型中学业成绩有差异，即农民工子女学校的学业成绩远远落后于城市公立学校里的农民工子女的成绩。此外，研究结果还验证了 Lai's（2012，2014）的实验模型，即学生的个人背景、家庭背景中父母的职业和学历，以及入读学校的类型显著性影响学业成绩的发展。其中，对农民工子女学校的样本量进行预测分析，四个变量进入模型，即农民工子女的兄弟姐妹数量，来城市读书时间的长短，是否上过学前班，以及父母的社会经济变量。相比之下，公立学校农民工子女学业成绩的预测变量只有一个，即父母的社会经济变量。

首先，对于两个样本的农民工子女，其父母的社会经济背景都是显著预测其学业成绩的变量。农民工子女的父母受教育程度越高，其学业成绩越高。已有的研究也表明，父母的受教育程度与参与家庭教养的程度之间存在显著正相关，也就是说，父母的受教育程度越高，越愿意花时间在孩子的教育上，与孩子有更多的教育互动。其他国家的研究也表明，在移民群体中，父母的社会经济地位越高，其子女融入当地学校的机会就越大；反之，则其子女只能就读于被隔离的学校，或者是少数种族学校。在已有的理论中，农民工子女社会分成吸收理论就很好地诠释了这一点。农民工子女拥有更好的社会经济家庭，就更有机会就读于城市的公立学校，融入城市的生活；若来自社会经济地位较低的家庭，则更有可能就读于农民工子女学校。

对于农民工子女学校的学生，除了父母的社会经济地位以外，其家庭兄弟姐妹的数量也影响着学生的学业成绩，呈现显著的负相关。在国外也有类似的研究结论表明，当父母的社会经济地位越低，家庭的子女数量越多时，子女学业成绩越低。农民工子女在城市读书时间的长短也是显著影响学生学业成绩的变量。与西方的研究结果相反，他们认为在城市生活的时间越久，儿童的学业成绩就越容易提高。我们的研究则发现两者之间呈负相关关系，即农民工子女在农民工子女学校就读的时间越长，其学业成绩水平就越低。一个可能的解释是因为控制学生的父母家庭经济变量后，农民工子女学校的资源缺乏、师资质量低导致了学生的低水平学业成绩，随着时间的积累，这种不利的学校资源条件进一步加剧了学生的学业差距。性别，作为研究的第三个变量，并未进行预测模型，也就是说性别并不能显著预测学生的学业成绩。我国和西方的观点不一致可能是由于我国的教育文化追求对学生后天的努力，而非西方国家常常认为的先天决定论所造成的。此外，对于农民工子女学校的学生，是否上过学前班也显著预测学生的学业成绩，呈显著的正相关。学生接受学前教育对后来教育和学业成绩呈正向影响，在国外的文献中被大量地验证。

与研究的预期假设不同的是，我们预期的研究变量（来城市的时间长短、接受学前教育、兄弟姐妹的数量等）并未对公立学校的农民工子女的学业成绩产生显著的预测。可能的解释原因是公立学校的农民工子女和公立学校的本地学生一样，有比较相似的变量水平，例如：都是独生子女家庭，都接受过学前教育等。因此，在这些变量输入预测模型时，并没有显著性的差异，因而无法作为学业成绩的预测变量。在预测模型的结果检测中，本章节中检测的预测变量可以很好地解释学生的学业水平。尽管如此，本章节还未能将所有的其他预测变量纳入，这也是未来研究可以继续延伸的内容。

五、结论与启示

本章节对农民工子女学校和公立学校的农民工子女的学业成绩做比较，并进行了学生背景变量的探索，预测其背景与学业成绩之间的关系。作为研究的第一阶段，本章节仅仅呈现了整个研究的部分内容，并为下一阶段的研究打好基础。

同时，本章节还有一些不可避免的局限性。首先，学生的测验成绩是由教育局统一考试规定的，因此，我们无法完全控制测验的信效度，只能从某一个角度进行相对统一的测查。其次，本章节发现学校类型是一个重要的预测学业成绩的变量，但是对于学校变量的具体内容，本阶段并没有详细地展开研究，例如教师的专业水平、学校的教育资源水平等因素，这将是第二阶段重点考察的内容。最后，本章节是针对学生某一阶段的学业成绩的考察，缺乏长期的跟踪研究。在以后的研究中，可以考虑从学前教育阶段开始跟踪研究，对农民工子女的长期学业发展进行考察，这将使研究变得更有价值和意义。

在最后的分析中，我们思考本章节的结果能给我国的城市农民工子女教育带来的启示。首先，本章节模型中的显著预测变量可以为研究农民工子女的学业成绩带来启发。例如在学前教育领域，尽量保证农民工子女在义务教育阶段之前，有较高的入学准备水平；提高低收入农民工子女家庭的教育投入，进行适当的政府补助。其次，对于农民工子女学校的教育资源，国家应给予适当的政策倾斜，给予更多的社会关注和支持等。

第二节　教师对外来务工子女融合教育的认识研究

一、问题提出

在很多发展中国家如中国、巴西、印度等，由于经济发展推动社会城市化的飞速进步，吸引了大量的农村人口来到城市中寻求就业和教育的机会。在国外的文献中，这些外来务工子女被称为"乡村—城市流动儿童"，即那些跟随父母从农村来到城市的儿童。在中国，自 20 世纪 90 年代以来，大量的农村人口进城务工，他们的子女也随之就读于该城市的学校。根据中华全国妇女联合会 2013 年的统计得知，外来务工子女的人口数量呈逐年快速上升趋势，中国目前大约有 3500 万的儿童在城市中接受教育。在一些大城市，如北京、上海、广州，外来务工子女的数量占到本地儿童数量的一半。相关研究报告预测，在未来的 10 年内，外来务工子女的数量呈持续增长的趋势。为了接纳更多的外来务工子女，很多城市的学校鼓励这些儿童融入本地的学校接受教育，并给教师提供相关专业上的帮助。

国内外已有的研究中发现，很多教师对融合教育存在排斥的态度，由于缺乏专业教学的支持，他们没有足够的准备来应对外来务工子女大量涌入本地学校。即使在创设融合教育的环境下，教师或多或少持有一定的偏见，尤其在对待家庭经济困难或者文化背景差异大的学生时，有的教师还是表现出固有的成见和有区别性地看待这些学生。很多学校已经为教师实施融合教育提供了足够的支持，如更多的教学用具、宽裕的教学准备时间和具体的专业指导意见，但是教师仍然表现出信心不足。研究认为，影响教师对融合教育态度的原因很多，其中包括教师本身的状态、学校的环境支持、学生的特点等。

融合教育质量的好坏关键取决于学校教师的态度和实践，因为教师的态度关系着教学策略的使用和面对不同背景差异的外来务工子女时对课堂教学的把握，这些日常教学直接影响到外来务工子女的教学环境、学生的学习动机和学业成绩的发展。因此，考察城市教师对外来务工子女融合教育的看法在融合教育实施中起关键性的作用。但是目前的研究很少关注城市教师对融合教育的看法，尤其是对影响这些看法的原因更是知之甚少。因此，研究目的是考察教师对外来务工子女融合教育的看法，更好地了解教师的教学状态，并给实施融合教育的机构、家长和教师提供相关的建议。

二、研究核心概念界定及研究问题

外来务工子女：指原籍非江浙沪城市户口、跟随在江浙沪城市务工的父母而在本地就读的学生，他们跟着务工的父母辗转各地。

本地学生：指户籍为江浙沪的学生（含户籍虽不是江浙沪但从小就跟随父母定居在江浙沪的学生）。

教育融合：指个体在融入学校环境过程中一种综合的状态，表现在个体能够在生理上、心理上适应周围环境，有积极健康的心理状态，对城市环境的认同和归属感。

学校类型：一类是城市的公立学校，一类是外来务工子女学校。

三、研究问题

第一，两种学校类型的教师对待外来务工子女融合教育的态度是怎样的？
第二，影响教师对融合教育态度的因素有哪些？

四、研究方法

研究分为两个部分，第一部分是对教师进行问卷调查，第二部分进行教师访谈。表 6-9 为参与问卷的教师基本信息。参与问卷的人数为 220 人，收回有效问卷 215 份。其中 80.5％是女性教师（n＝173 人），68％的教师（n＝146）来自公立学校。公立学校的教师学历总体上高于外来务工子女学校的教师。

表 6-9　参与问卷的教师基本信息

学校类型		公立学校	外来务工子女学校
		69（32.1％）	146（67.9％）
教师学历	硕　士	1（0.6％）	0
	本　科	129（88.4％）	31（44.9％）
	专　科	16（11.0％）	38（55.1％）

工作年限	10 年以上	50（34.4%）	19（27.5%）
	3～10 年	61（41.6%）	28（40.6%）
	3 年以下	35（24.0%）	22（31.9%）

在问卷的基础上，7 位教师同意参与访谈，访谈采用半结构式的提纲。其中有 5 位教师来自公立学校，2 位来自外来务工子女学校。公立学校的教师均为城市的本地居民，而外来务工子女学校的教师则都是来自农村，在城市的学校教学时间不长。

研究问卷是在 Song（2006）and Diuguid（2010）的研究问卷基础上修编的，共 22 个项目，分为教师的基本态度、职业发展、教学实践活动三个维度。采用 1（完全不同意）到 5（完全同意）的五点计分，得分越高，表明个体教师对外来务工子女融合教育的支持度越高。问卷编订后首先使用预实验，选取 30 名教师进行测试，并得到教师的反馈，其中包括对项目内容的文字修改、项目数量的删减等，以确定最终的问卷版本。总体问卷的 Cronbach α 系数为 0.80。问卷的数据分析使用统计性分析，平均数（M）和标准差（SD）用来描述教师对融合态度的支持程度，t 检验主要用来检测两类学校教师的得分差异。访谈设计是在问卷内容基础上修改的半结构式访谈，访谈内容的分析过程主要包括：访谈数据转录成文字、编码，建立在研究问题和文献综述的基础上形成三个主要的内容主题，考察教师对融合教育的态度和学校的融合教学活动、融合教育的挑战以及学校类型的影响和差异。

五、研究结果

（一）教师对外来务工子女融合教育的看法

表 6-10 是教师对外来务工子女融合教育的看法。所有的样本平均值是 2.83（1＝完全不同意，5＝完全同意），这表明教师的支持态度是积极的。在每个单项目的得分上，平均值最高的是"教师很愿意教外来务工子女"（M＝3.49）和"可以公平地对待外来务工子女和城市的儿童"（M＝4.20）。在子类别中，教师对于融合教育的教学行为得分较高的是"愿意在课堂上观察外来务工子女的课堂表现"（M＝3.64）和"让外来务工子女提问和回答问题"

（M＝3.64）。但是对于职业发展支持的平均值较低，比如教师很少有机会参加职前（M＝1.57）和职中（M＝1.56）的融合教育的相关培训。

表 6-10 教师对融合教育的看法（n＝215）

编 号	问卷内容	M	SD
1	外来务工子女应该和城市儿童一样，接受公立学校的教育	2.73	1.12
2 *	在城市的公立学校，外来务工子女应该单独安排在一个教室	2.32	1.21
3	外来务工子女应该注重基础知识和学习能力的培养	1.57	1.00
4 *	外来务工子女不具备学习解决高难度问题的能力	3.07	1.57
5 *	外来务工子女比例高的融合学校，学生的纪律更差	2.88	1.42
6	外来务工子女的学业水平不会受到他们的背景（如语言、文化等）的影响	2.33	1.22
7 *	基础知识不扎实的外来务工子女未来在学业上很难成功	3.27	1.56
8	我的职前培训让我做好了管好融合教育班级的准备	1.57	0.81
9	我具有足够的管理融合教育班级的能力	1.58	0.76
10	在过去的几年里，我参加过有关外来务工子女融合教育的报告或者会议	1.56	0.92
11	我乐意帮助外来务工子女更好地适应城市生活	3.52	1.25
12	我乐意与外来务工子女的家长进行沟通和合作	3.21	1.39
13	在班级里，我尽量公平地对待每个学生	4.20	1.06
14 *	我很难调整我的教学方式来满足外来务工子女的一些特殊学习需要	3.14	1.17
15 *	我班级的外来务工子女因为其家庭社会经济背景显得很无助	3.01	1.46
16	我的班级有外来务工子女，我并没有感到不舒服	3.49	1.20
17	我的学校在实施外来务工子女融合教育上态度积极	1.96	1.28
18	我愿意在课堂上观察外来务工子女的活动表现	3.36	1.37
19	我鼓励外来务工子女和城市儿童一组参与小组讨论	3.06	1.12

编　号	问卷内容	M	SD
20	在我的课堂上，我愿意提供外来务工子女机会提问和回答问题的机会	3.64	1.36
21	大多数的外来务工子女可以和城市的儿童相处融洽	4.12	1.08
22＊	目前学校的课程设置和教学进度让我觉得很难实施融合教育	2.85	1.22
平均数		2.83	0.54

注：＊评判的分数高低倒置。

（二）公立学校和外来务工子女学校的对比差异：问卷结果

表 6-11 比较公立学校教师（n＝146）和外来务工子女学校教师（n＝69）对融合教育态度的差异，通过 t 检验分析每个具体项目的差异。综合 22 个项目的平均分数，公立学校的教师得分（M＝2.90）高于外来务工子女学校的教师（M＝2.81），t 检验结果显示两类学校教师的态度存在显著的差异（t＝3.8，df＝213，P＜.001）。在以下项目中，公立学校教师得分显著（P＜.01）高于外来务工子女学校教师："我的职前培训让我做好了管好融合教育班级的准备"（项目 8）；"在班级，我尽量公平地对待每个学生"（项目 13）；"我的学校在实施外来务工子女融合教育上态度积极"（项目 17）；"在我的课堂上，我愿意提供外来务工子女提问和回答问题的机会"（项目 20）。外来务工子女学校教师得分显著性（P＜.01）高于公立学校教师的是"外来务工子女比例高的融合学校，学生的纪律更差"（项目 5）。

表 6-11　公立学校和外来务工子女学校教师的观念差异

编　号	外来务工子女学校（n＝59）	公立学校（n＝146）	P（＊＊）
1	2.66	2.88	0.09
2	2.29	2.38	0.32
3	3.08	3.06	0.47
4	1.60	1.52	0.31
5	3.05	2.51	0.00＊＊

续表

编 号	外来务工子女学校 （n＝59）	公立学校 （n＝146）	P（**）
6	2.23	2.57	0.03
7	3.23	3.35	0.31
8	1.44	1.86	0.00**
9	1.51	1.72	0.03
10	1.50	1.68	0.09
11	3.50	3.55	0.39
12	3.18	3.29	0.29
13	4.01	4.59	0.00**
14	3.18	3.04	0.23
15	2.96	3.12	0.23
16	3.52	3.43	0.31
17	2.09	1.68	0.00**
18	3.34	3.41	0.36
19	3.03	3.10	0.34
20	3.42	4.10	0.00**
21	4.07	4.22	0.17
22	2.92	2.68	0.09
M	2.81	2.90	

备注：** P＜.01.

（三）公立学校和外来务工子女学校的对比差异：访谈结果

在访谈的 5 位公立学校教师中，有 4 位支持外来务工子女的融合教育，有 1 位保持中立态度；而外来务工子女学校的 2 位教师都持反对态度。公立学校的教师 P1 表示"学校已安排部分外来务工子女融入班级，这是教育公平的体现"。外来务工子女学校的教师 M1 则认为"这些儿童（外来务工子女）的学习基础太弱，很多人没有做好入学准备，和城市的儿童在一个班级，学习成绩差异太大，很难实施融合"。另一位教师 M2 则认为："我们被安排去附近的公立学校听课，发现他们的教学内容太难，我们很难直接把这种教学方式用在自己的班级。如果外来务工子女在公立学校读书，应该安排在独立的班级，而不是融合在同一个班级。"

两类学校的教师都指出缺乏职前和在职的培训机会。教师 M1 指出，外来务工子女刚进入城市的学校，经常敏感、害羞、缺乏自信或者特别调皮、不遵守课堂纪律。公立学校的教师 P4 也认为"很多外来务工子女基础不扎实，在课堂上很难满足他们的学习需求"。

学校教育资源分配的差异也导致了教师对融合教育态度的差异。在访谈中外来务工子女学校的教师提出：公立学校的教师都有教师编制，工作相对稳定，工资待遇按照城市的福利发放；相比之下，外来务工子女学校的教师是"合同制"或者"临时教师"，收入相对较低，工作很不稳定。教师 M2 指出"我们学校的教师职位不稳定，会随时因为学生人数的缩减而辞退教师。我对自己的职业没有安全感，更没有动力去考虑职业发展的问题。"

外来务工子女的家长的背景也影响着教师对融合教育的看法。两类学校的教师都认为外来务工子女的家长很少参与学校的活动或者主动和教师沟通。"当学生的成绩下降时，这些家长都会抱怨老师，而很少考虑家庭参与的重要性"（P3）。"家长完全只看学生的考试成绩，对于学生的情感状态、心理变化的关注很少"（P5）。

六、结果讨论

（一）两类学校教师的融合教育态度差异

研究结果发现两类学校的教师对外来务工子女融合教育的态度存在显著性的差异。公立学校的教师持更积极的支持态度，这个结果与已有的研究结论基本吻合，也显示了最近 10 年由于政府政策的大力支持，城市公立学校的教师也已经逐渐接受外来务工子女融入城市的政策，也能理解外来务工子女融入城市教育和生活对社会和谐的重要性。相比之下，外来务工子女学校教师的态度则消极一些，认为外来务工子女的学习基础太弱，要想融入城市的学校教育还存在很多挑战。这类学校教师的态度也从侧面揭示出目前外来务工子女学校的教育资源的缺失。尽管政府实行了一系列鼓励措施，仍然有一部分外来务工子女无法就读于公立学校，只能选择外来务工子女学校，而这类学校教师的消极态度，进一步加剧了学生学业的落后，这也解释了已有的研究发现外来务工子女在两类学校中表现出不同的学业水平和心理健康发展的差距。也正因为学生的这些差异，导致外来务工子女学校的教师对融合教育没有足够的信心。

（二）影响教师融合教育态度的因素

影响教师融合教育态度的主要因素包括：教育资源的分配、教师的职业发展和家长的配合程度。研究结果验证了国内外已有的研究，教师在对待外来务工子女融合教育时，遇到很多专业的挑战导致他们不自信和无助。外来务工子女学校的教师缺乏专业发展的支持，也很少有机会参与在职培训，因此，他们对于融合教育的态度不够积极。对于公立学校教师，融合教育意味着对教师的专业要求更高，面对班级不同背景和不同基础的学生，需要不断地调整教学进度和教学方式。已经实施融合教育的教师指出，尽管学校提供了一些支持，但是在面对融合教育的教学时，还是遇到很多专业的挑战。另外，外来务工子女学校教师的教育资源和社会福利待遇都很有限，和公立学校教师相比，这些政策和福利的差异影响了教师的专业积极性，从而影响了融合教育的实施。

（三）教育的差异导致社会对外来务工子女的"分隔型吸收"

"分隔型吸收社会理论"来源于国外的社会学研究理论。该理论认为，由于社会政策的差异性对待，外来务工子女的发展存在分层现象。从融合教育的层面上理解就是，大部分的儿童可以很好地融入城市的教育和生活，其发展水平与城市儿童一样，甚至在学业上超过城市儿童；但是部分家庭经济条件较弱和接受教育质量不高的外来务工子女群体，他们的身心发展远远落后于城市儿童，最终没能适应城市的生活，对社会产生很多负面的影响。本书将该理论应用在分析外来务工子女的群体结构中，把外来务工子女群体分成城市的公立学校和外来务工子女学校两种类型来进行深入的分析和讨论。结果表明，由于教师的态度差异，外来务工子女学校的学生处于融合教育的边缘，因此，推动学校之间的教育资源均衡，着眼于教师的职业发展和家长的更有效的配合，这样才能有助于外来务工子女在城市中更好地实施融合教育。

七、教育建议

本书根据研究的结果，提供了一些相关的教育建议。首先，外来务工子女学校的教师待遇影响教师的工作积极性，不利于教师对融合教育的支持。因此，政府和社会对外来务工子女学校的资助可以进一步增加，比如更多的教育经费的投入，保证教师的基本工资达到城市工资的标准，让教师具有职业安全感。其次，不管是外来务工子女学校还是公立学校，教师的专业发展都需要进一步提高，如开展相关的培训或者讲座，指导教师如何实施融合教育；更多地了解外来务工子女的特点，让教师对他们有更多的信心。最后，外来务工子女的家长对学校活动的参与度很低，这也是导致教师实施融合教育很困难的原因之一。研究建议学校可以定期举办"外来务工子女家长活动日"，鼓励家长参与学校开展的活动，并提供家长与教师交流的机会。除了教育的建议，本书还有一些局限性，如研究的被试选取只有一个城市，研究的结果还不能概括全国教师对外来务工子女融合教育的整体态度。此外，由于全国各个省市对待外来务工子女教育的政策不同，也影响着教师对融合教育的不同态度，需要更多的研究进一步考察全国其他地区的情况。

八、结论

本书考察了公立学校和外来务工子女学校的教师对外来务工子女融合教育的态度。通过比较两类不同学校的教师的看法得知外来务工子女学校的教师对待融合教育的态度相对消极，而公立学校的教师表现出更积极的支持。影响教师融合教育态度的因素主要包括：教育资源的分配、教师的职业发展和家长的配合程度等。

第三节　农民工子女对城市教育的态度与实践研究

一、研究背景与问题提出

学生的学习经验和对学校的态度是学生的发展至关重要的因素，因为在儿童阶段，学生的大部分时间都是在学校进行学业和社会性的发展。在我国，对于农民工子女家庭而言，尤其是来自经济条件较差的家庭的学生，学校教育是他们来到城市、通过努力可以改变未来社会经济地位的途径。但是在我国，教育资源受到城乡二元体制的限制，农民工子女的教育资源仍然留在农村，尽管他们已经随着父母在城市生活和接受教育。城市的公立学校由于农民工子女的数量增长而出现一系列挑战，已无法容纳数量剧增的农民工子女。因此，大部分的农民工子女就读于农民工子女学校，只有少部分的农民工子女有机会进入城市的公立学校。

经研究发现，两类学校的学生在学业成绩上存在显著的差异，公立学校的农民工子女的成绩显著性高于农民工子女学校的农民工子女成绩。西方的研究尝试通过提高学生的学习经验来减少两类学生之间的差异，并且取得了一定的效果。目前在我国，很少有研究关注农民工子女的学习经验方面，更多的研究关注的是教师，很少从学生的角度进行考察问题。因此，本书通过对农民工子女进行考察，分析他们在城市学校接受教育的情况，发现学生的环境需求和教育资源的需求，更好地为农民工子女服务。

二、文献综述

（一）农民工子女在城市接受的教育

中国的城镇化发展与其他国家相比有所不同。从 1980 年开始，中国的改革开放促进了城镇化的发展，大量的农民从农村涌入城市，这些农民被称为"农民工"。因为受到户籍的限制，很多农民工子女并不能在当地的公立学校读书，而被排斥在城市的教育体制之外。中国二元体制将城市和农村分为两种体制，一种是农业户籍，一种是非农业户籍。由于大量的农民工子女涌入城市，他们成为我国目前很大的特殊群体，但是区别于传统意义的"农村人"和"城市人"。

城乡户籍制度限制了农业户口的群体使其在城市享受城市户口的福利，如养老保险、工作机会、住房、医疗等。因此，农民工子女在城市也被排斥为"非本地人"，不能接受城市公立学校的资源。随着近几年的政策调整，城市的部分公立学校已经开放了对农民工子女的招收，但是其前提是先满足本地城市儿童的需求，在此基础上，有空余资源才会分配给农民工子女。而其他大部分的农民工子女，因为户籍还保留在农村，所以无法享受城市的公立教育资源。

（二）课堂互动的研究框架

已有的研究从不同的角度来研究课堂实践，尤其在义务教育阶段，研究主要考察课堂的互动和教学实践，其中，师生互动的质量是研究的重点。经研究发现，课堂互动直接影响着学生的学业成绩，课堂互动质量越高，学生对教学越满意，学业成绩和情绪发展得分也会越高。

研究者从不同的方式来研究学生的教学经验，例如 Pelatt et al.（2016）研究课堂质量包括课堂的教学过程和结构，有的研究是考察情绪性支持、教室组织和教学支持等。情绪性支持主要是支持学生的情绪发展和心理健康，以及人际关系等方面。课堂组织是指非教学的学习机会，例如教师能够预测和减少学生的行为问题以及维持上课的秩序。教学互动包括问题的提问与回答、给予反馈以及教学策略等促进学生的认知发展的活动。

教学质量还通过教学互动过程的研究进行分析。最有影响力的 IRF（发起回应反馈模式）提问模式，包括三个阶段：发起提问、回答提问、对提问反馈。这个过程并不是封闭式的，而是可以不断发展到进行下一阶段的 IRF。新加坡的国家项目就使用这个分析框架对课堂互动数据进行分析。尽管后来的研究有批判这种分析框架，但是至今仍然有大量的研究在使用这种方式，并且其在学术界成为具有影响力的研究视角。新加坡"核心研究项目"开始于 2004 年，主要是系统地分析教师和学生在学校的教学实践。这个项目不仅连续地在义务教育阶段的班级里观察学生的表现，还会把学生的背景、学业成绩、课堂表现等因素考虑进去。新加坡研究框架包括情绪性支持、课堂组织以及教学支持三个主要方面。中国近几年的研究也在借鉴和使用新加坡的研究框架，例如有的研究分析英语课堂的教学等。

最近几年，我国的政策支持农民工子女进入城市的公立学校。对于教师来说，最大的挑战就是如何调整自己的教学进度来满足不同基础的学生需求。对于农民工子女学校的教师而言，则是如何提高学生的学习基础和学习能力。目前有关农民工子女课堂教育的研究还远远不够，我们对于农民工子女在课堂上的表现还了解甚少。因此，本书在文献的基础上，提出了研究问题。

三、研究问题

本阶段的研究首先是通过问卷分析对农民工子女的认识和态度进行考察；

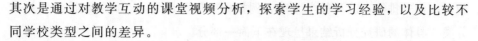

其次是通过对教学互动的课堂视频分析，探索学生的学习经验，以及比较不同学校类型之间的差异。

第一，学生对教学质量的看法是怎样的？有何差异？

第二，控制学生背景因素后，他们的班级教学是如何影响学习经验的？

四、研究方法

本章使用混合研究的方法。学生的问卷是考察学生的态度和认识；课堂的观察是考察教学的质量。

（一）研究对象

研究对象是在沿海地区的某一城市的 12 所普通小学，其中包括 6 所农民工子女学校和 6 所公立学校。在第一阶段的问卷中，有 120 名学生参与了问卷调查，其中 78 名（65％）学生来自公立学校，42 名（35％）学生来自农民工子女学校。在参与的学生中，每个学校类型的学生各选取一名。在第二阶段，对这两个学生的班级进行观察。对选取的学生进行了较为严格的背景变量限制，包括性别、家庭经济背景、年龄、来城市居住的时间等。观察的班级教师的背景也进行了筛选，年龄在 25—30 岁，女性，本科学历。

（二）测查工具

数据的收集包括学生的问卷调查和课堂观察。学生问卷被命名为"学生态度问卷"，改编自 Marsh 于 2003 年的研究工具。考虑到学生的年龄为小学教育阶段，以及认字和阅读能力的限制，将原来的口头表达、学校、家庭、学业、身体健康、人际关系、数学和自尊心几个方面，修改为 5 个，包括城市教育看法 10 个、城市学校喜好 5 个、教师教学 10 个、同伴关系 5 个以及情绪情感 5 个。共计 35 个项目，全部使用五分法进行（1～5 分），1 分为完全不同意，5 分为完全同意，分数越高代表学生的态度越积极。问卷先在 25 个学生中进行预实验，信度检验出科倍隆系数为 .820。

课堂观察使用"影子法""Shadowing"，也叫作"全天跟踪观察"，是一种系统全天记录学生的活动表现。这种收集数据的方法能为研究者提供充足的数据分析，能考察学生的表现和学业发展之间的关系。视频研究数据的分析建立在新加坡 2004 年教学编码系统的基础上，将对视频的主题分为情绪性支持、教室组织和教学支持，其中研究框架还将教室环境布局，例如班级人数、座位安排等，以及教学互动，例如教师的问题发起、回答和反馈等进行分类。具体的研究分析结果呈现在下面一部分。

五、研究结果与分析

（一）学生的态度

首先，对问卷调查数据进行分析，结果发现两类学校的学生对学校的满意度适中，其中公立学校得分平均数 $M=3.64$；农民工子女学校得分平均数 $M=2.97$。利用 t 检验，发现在五个子领域的问卷问题中，只有学生对教学实践的满意度存在显著性差异，其他四项得分没有显著性差异。在五个子领域中，农民工子女学校的平均得分都低于公立学校的学生得分，具体的数据结果呈现在表 6-12 中。

表 6-12　两类学生的态度比较

领　域	公立学校			农民工子女学校			P
	平均数	标准差	范　围	平均数	标准差	范　围	
城市教育	3.82	1.12	2～4	2.87	1.32	2～4	＞.01
城市学校	3.34	1.43	2～4	3.01	1.27	1～4	＞.01
教学实践	4.12	0.58	3～5	2.32	0.65	2～4	＜.01
同伴关系	3.76	1.33	2～4	3.21	0.64	2～4	＞.01
情　绪	4.15	0.96	3～5	3.46	1.08	2～4	＞.01
共　计	3.64	1.02	2～5	2.97	1.13	1～4	＞.01

（二）课堂观察

1. 教室环境

在农民工子女学校的班级的学生人数在 50 人左右；公立学校的班级，学生人数为 30 人左右。班级的座位安排也有不同，农民工子女学校的班级座位是整齐的横向纵向桌椅排列；公立学校教室的班级座位则是以小组为单位，围成半圆形的组合。此外，班级的资源配置也有所不同，在农民工子女学校，教师主要使用课本、简单的物体教具；在公立学校的教室，教学资源很丰富，有电脑、多媒体白板、黑板、显示器等。

在教室的氛围方面，公立学校的教师表现出对学生的尊敬。在随机抽取出的一节课里，教师使用了 12 次"请"，以及两次"谢谢"。学生的言行也比较合适，没有对老师或者同伴表现出过激的行为。在整节课里，学生都能遵守教师的要求，很有秩序地完成教学组织活动。而在农民工子女学校的课堂上，由于学生的数量太多，教师往往只关注前 3~4 排的学生，而后面 5~7 排的学生，教师很少关注，也很少走到教室的后几排。

2. 课堂互动

课堂互动主要通过两个案例进行研究，选取两位农民工子女，并对其进行一天的活动观察。首先，观察学生的课堂互动次数发现，农民工子女学校的学生互动的次数（0 次）远远低于公立学校的学生互动的次数（举手 8 次，被提问 3 次）。师生互动的时间占整节课的 57.5%。

在公立学校的教室中，教师采取用小组的方式进行探索活动，让学生自主观察、讨论，并记录结果。下面是一个具体的案例，来具体说明学生的小组探索活动。在案例一中，丽丽（被观察者）非常积极地参与小组的活动，并和同伴有效地进行互动，教师提供了较为宽松的小组探索氛围，这样既可以让学生有独立思考的时间，又有交流和分享的机会。教师首先要有明确的教学指示，在活动开展前要给学生做具体介绍，内容见表 6-13：

表 6-13　案例一：公立学校课堂活动

教　师	首先思考 30 秒钟，然后写下你的想法和答案，最后在你的小组中进行讨论。	I
被观察者	思考了一会儿，她站了起来，伸着头和小组里的人进行交流，她声音很大，看起来很自信。 $(23+24) \times 8/(9-5)=94$	R—F
同学一	咦，我的答案是 29，为什么和你不一样？	R
同学二	我的答案也是 94，和丽丽的一样。	R
教　师	听到了丽丽小组的讨论，于是走了过来。 怎么了？答案不一样是吗？ 那你们看看解题的过程是不是不同？	F—I

同学二	老师你看看我的解题过程，我是这样做的。 丽丽仔细地听并对照着自己的答案。	R
教 师	我听明白了，你的解题过程没有问题，很好。跟你们的小组成员再计算一遍，看看是哪里出错了。于是教师走开了。	F—I
同学三	我都不会做这道题。	I
被观察者	你看看我的吧，丽丽递过去给他看。 你看，第一步先做×××，第二步是×××，最后再计算这里和这里……	R
同学三	哦，这样啊，我知道了。	F
教 师	教师又一次经过了小组，对着丽丽微笑。 好了，那下面我们所有小组之间再讨论一下，看看有没有不同的解题方法，好吧？	F—I
被观察者	丽丽坐回了自己的位置，仔细听别的小组汇报。	R

备注：I 代表发起，R 代表回应，F 代表反馈。

案例二描述了教师通过一个趣味数学题目，让学生使用不同的方法解题。一方面复习了学习过的数学知识，另一方面激发了学生的数学学习热情和小组合作的意识，内容见表 6-14：

表 6-14　案例二：师生互动片段摘录

教 师	我们已经学习了"乘法口诀表"，今天我们来做一个数学游戏，利用 1，2，5，8 四个数字得到 24，记住哦，每个数字只能用一次。现在先和你的搭档讨论一下吧。	I
学 生	开始积极地讨论起来，有的在说，有的在写。	R
教 师	有人做出来了吗？停顿了 5 秒后。如果没有，我给大家一点提示吧。	F—I
学 生	不，不，我们自己可以的。不要提示。 部分学生开始举手。	F—I
教 师	丽丽，你来说说你的方法。	R—I

被观察者	5+1=6，8/2=4，6×4=24	R
学　生	不错呀。	F
教　师	很好，给点掌声好不好。学生开始鼓掌。 那我想问问还有其他不同的方法计算吗？	F—I
同学一	8-2=6，5-1=4，4×6=24	R
教　师	非常好的一种解法。	F
同学二	2×5=10，10+1=11，11+8=19，19+5=24	R
同学三	不对，他用了数字 5 两次。	F
教　师	是的，他用了数字 5 两次，不符合游戏的规则要求。谢谢你，发现了这个问题。 还有其他方法吗？	F—I
学　生	有可能还有。我们再试试。 小组继续讨论。	R

备注：I 代表发起，R 代表回应，F 代表反馈。

　　在以上两个案例中，教师能够为学生提供同伴互动的机会，通过探索不同的解题方式让学生交流。通过分析，在师生互动和生生互动中，使用较多的互动方式是"I—R—F—I—F…"，也就是说并不是封闭性的问答形式，而是教师不断地追问和反馈，启发学生进一步思考。

　　然而，相比之下，在农民工子女学校的班级，教师更多地采用授课式和问答式的方法，而且多数时间花在练习题目和完成教科书的练习题上。大多数学生并没有积极地参与教师的教学互动，当教师提问的时候，只有相对固定的几个学生举手回答，其他学生表现出冷漠或者没有思考的状态，保持沉默。案例三列举了在农民工子女课堂，教师和学生的互动方式，内容见表6-15：

表 6-15　案例三：农民工子女学校教学案例

教　师	教师在教室的前两排位置走着，然后停在露露的边上，问，你知道如何解这道题吗？	I

被观察者	没有说话，只是摇摇头，表示不会做。	R
教　师	强强（露露的同桌），你告诉她怎么做吧。 然后教师就走开了。	F—I
同学一	强强并没有告诉她答案，只是把答案放在她面前，说，你自己抄吧。	I
被观察者	露露把答案直接抄写在自己的作业本上。	R
同学二	坐在露露前面一排的男生转过头来，对着露露说，你连这么简单的题目都不会做，太笨了吧。	I
被观察者	没有说话，默默地抄写着答案。	R
同学二	男生笑了一会儿，就转过头去。	F
被观察者	没有回应男生的笑音，保持沉默。	R
教　师	教师站到讲台前，说这道题目很简单，我们就不讲了。下面看下一题目。	F

备注：I 代表发起，R 代表回应，F 代表反馈。

案例三的内容可以看出在教师和学生之间，以及同伴之间并没有真正的互动。首先，在一开始，教师提供机会给学生进行交流，但是学生之间的互动没有效果。同学一给被观察者的帮助就是让她简单地抄写，并没有讲解题目解题的步骤，被观察者还是不明白如何解题，将答案抄写是为了完成教师的要求。其次，当被观察者受到嘲笑时，选择沉默不回应，而教师并未对这种现象进行介入，同伴之间的关系也没能很好地建立，合作学习也因此没能有效地展开。

在案例四中，教师和学生一起完成教科书上的"智力挑战题目"。在案例中教师一直处于主导的地位，不停地在讲解题目，学生并没有积极地参与其中。教师表现出对学生解题速度的提高要求，以及应试能力的培养。学生被要求遵守教师的解题方式，重复练习，并没有独立思考和参与讨论的机会（见表 6-16）。

表6-16　案例四：师生互动案例片段

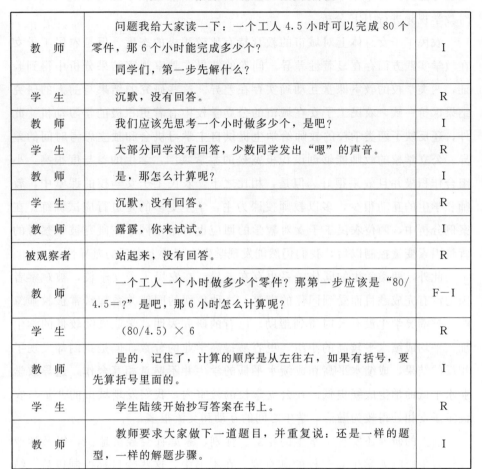

教　师	问题我给大家读一下：一个工人 4.5 小时可以完成 80 个零件，那 6 个小时能完成多少个？ 同学们，第一步先解什么？	I
学　生	沉默，没有回答。	R
教　师	我们应该先思考一个小时做多少个，是吧？	I
学　生	大部分同学没有回答，少数同学发出"嗯"的声音。	R
教　师	是，那怎么计算呢？	I
学　生	沉默，没有回答。	R
教　师	露露，你来试试。	I
被观察者	站起来，没有回答。	R
教　师	一个工人一个小时做多少个零件？那第一步应该是"80/4.5＝?"是吧，那 6 小时怎么计算呢？	F—I
学　生	（80/4.5）× 6	R
教　师	是的，记住了，计算的顺序是从左往右，如果有括号，要先算括号里面的。	I
学　生	学生陆续开始抄写答案在书上。	R
教　师	教师要求大家做下一道题目，并重复说：还是一样的题型，一样的解题步骤。	I

备注：I代表发起，R代表回应，F代表反馈。

从以上的案例三和四中发现，农民工子女教室的师生互动仅仅表现出"I-R"的模式。学生并没有拓展性地独立思考，课堂氛围也比较沉默，缺乏支持性的教学气氛。在观察的样本中，这种现象在农民工子女学校非常普遍。

六、结果讨论与结论

通过研究农民工子女对学校教育的态度，以及个案研究课堂教学活动进行了研究，结果发现，两类学校的学生对教学实践的看法存在显著性的差异。根据我国义务教育阶段课程改革的要求，提倡培养学生的自主学习能力和独立思考能力。在本章节中，教学视频分析使用新加坡教学编码系统（2004），对教学视频进行 IRF 分析。

农民工子女总体上对城市的教育持有比较积极的态度，但是农民工子女在教学实践方面存在显著性差异。问卷的结果在教室观察结果分析中得到验证，两类学校的教室课堂互动确实存在差异。这些研究的结果与前人的研究结果保持一致，农民工子女在城市的公立学校中有着更积极的学习动机。此外，还反映了两类学校的教师给学生提供自主学习机会和独立思考时间的差异。公立学校的教师能够创设积极宽松的教学氛围，学生的参与度很高，小组合作积极并且效果很好。但是，相比之下，农民工子女学校的课堂中，教师和学生的互动很少，多以教师授课为主，学生更多的是进行应试训练。在案例分析中，两位农民工子女对教学的回应也有所不同。在研究被观察者的背景因素变量控制以后，我们仍然能发现学生在课堂上表现的差异性。

此外，两类学生的同伴关系也存在差异。在农民工子女学校，被观察者因为没有完成题目而受到同伴的嘲笑，这种负面的同伴关系却常常被教师忽略，被嘲笑学生没有及时得到帮助。已有的研究表明，学业成绩较低的学生加入平均成绩水平较高的小组，更容易提高学业的分数，但是我们却发现了相反的结果，成绩水平高和成绩水平低的学生并不愿意相互合作，这导致学业水平低的学生成绩更低。在公立学校的教室内，我们发现城市的儿童与农民工子女相处得较为融洽，学生之间的互动和交流很多。

前人的研究还发现了学生的年龄、性别、家庭社会经济地位，以及学业成绩水平影响着学生对学校的满意度。在本书中，这些变量都控制以后，结果发现两种类型的学校的课堂教学方式还是存在差异，这些差异影响着学生的课堂表现。由此可见，目前农民工子女学校的教学方式影响着学生的学习态度以及对学校的满意度，最终影响其学业成绩水平。

农民工子女学业成绩的水平影响着学生未来的社会劳动力素质，继而影响着我国社会发展的可持续性和社会的稳定。通过研究我们发现农民工子女学校的教学对农民工子女产生了负面的学习经验，因此，我们应该考虑两个问题：①如何提高农民工子女学校的学生学习经验；②如何让更多的农民工子女进入城市的公立学校，获得更积极的学习经验。对于以上提出的两个问题，本书尝试提出相关的建议。首先，对于农民工子女学校的教学资源和基础设施需要进一步提高。其次，教师的教学能力需要提升，可以通过在职培训的形式让更多的教师提高教学技能，更好地实施有互动的师生课堂。再次，本书的分析结果可以为政府政策制定者提供参考依据，即如何进一步改革我国目前城市中对于农民工子女的招生政策，进一步扩大本地公立学校对农民工子女的接纳。

本书的最后对于研究的局限性有一定的反思。首先，本书的案例分析仅仅是在每个教室内选取一名被观察者进行深入的分析，而小样本量并不能代表整个学校的全部情况。其次，研究的分析框架主要集中在班级环境、互动等角度，其他视频分析维度还有待以后的进一步实施和采用。但是，总体上说，这个阶段的研究更清晰细致地展示了农民工子女在城市的学校里接受教育的情况，研究的结果可以为政策的改革和制定带来一定的启示。

第四节　农民工子女学校实施课程改革的案例研究

我国的新课程改革面向所有的学生，但是城市农民工子女学校却在实施课程中遇到很多挑战。本书通过对江浙沪地区学校的深入调查，运用访谈和深入观察的研究方法来分析农民工子女学校的课程改革和教学实施情况。

一、研究背景

由于社会的政治、经济和文化等方面的影响，中国自2001年起实施基础教育改革。课程改革的核心在于倡导学生主动参与、乐于探究、勤于动手，培养学生搜集和处理信息的能力、获取新知识的能力、分析和解决问题的能力以及交流与合作的能力。课程改革目标是面向所有的学校，但是已有的研究发现，并不是所有的学校都能很好地贯彻和实施基础教育课程改革的精神。农民工子女就读于城市的农民工子女学校，其接受的基础教育质量还有待进一步考察。对农民工子女学校进行调研的相关报告指出，农民工子女学校与城市的公立学校相比，教学资源有限，基础设施落后，无法很好地实施基础教育改革的要求。

提供高质量的基础教育对于农民工子女是至关重要的。教育改革的实施在本书中被理解为，学校和教师采取一系列行为和决策，进而影响着课程改革政策的实施是否有效。如果课程改革的目标成功达成，我们则认为学校的教育教学实施有效。

（一）我国新课程改革的具体目标

1. 实现课程功能的转变

传统的课程过分强调知识授受取向，而忽略了学生学习的积极性与主动性，新课程指引学生善于合作学习，更强调学生善于做人，不仅让学生获取基本技能和基础知识，而且让学生善于思考和形成正确的人生观。这一根本性的变革，对全方位进行素质教育，完善学生人格，使其形成社会义务感、实践与创造能力等具有重要意义。

2. 体现课程结构的均衡性、选择性与综合性

新课程从结构上全面开设九年一致的课时分配与课程种类，不仅如此，新课程还开设了综合课程，转变了原课程结构科目繁杂、学科本位和缺少统一的情况，从而适合各个地方教师和学生前进的要求。它对现有课程结构做了一定的改变，缩短了课程种类，增加了有关生活技艺与有益于学生人文涵养的课程。

3. 有效改善学生的学习方式

新课程提倡学生积极参加、喜欢探求、善于操作，注重塑造学生解决与寻找信息的能力、讨论和合作的能力，以及掌握新知识和发现、处理问题的能力，转变课程实施注重机械训练、灌输学习、过分死板的情况，务必支持学生的主体地位，确保学生探究性和主动性的学习得以实践。课程改革充分变革课程结构，合理安排学生的学习空间与时间，不仅如此，在课程标准中更加提倡转变知识内容的表现形式。

4. 创设与素质教育理念相吻合的考试与评价制度

转变课程评价过分注重选择与区别的成效，发扬评价有助于教师教学实践、鼓励学生进步的功效。新课程的课程评价提倡"基于过程，推进发展"，这充分说明了评价方式、评价理论和评价实行过程的改变。新课程需要创造一种优越的评价体系：首先要创设有助于学生整体进步的评价体系，评价要挖掘学生各个角度的潜质；其次要创设有助于教师一直进步的评价体系，创设以老师自我评价为主，学生、家长、老师、校长一起进行的评价体系；最

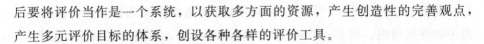

后要将评价当作是一个系统，以获取多方面的资源，产生创造性的完善观点，产生多元评价目标的体系，创设各种各样的评价工具。

（二）课程实施的研究视角

在国际上，研究新课程改革的实施是否有效有多种理论视角。其中"忠实度视角"作为大多数国家评价的方式之一，主要考察实践教学活动是否以及在多大程度上严格执行了新课程改革的目标，是否执行了新课程的步骤，以及通过比较实际的实践与新课程要求之间的差距来评定实施的好坏。尽管目前理论界还没有统一的界定"课程实施的忠实度"，但是教师们在实施的过程中是否忠实，将课改的理念和实践保持一致，是研究者们重点考察的内容之一。

已有的国际研究分析影响课程实施忠实度的关键因素包括：①对新课改理念的接受和理解；②教师的专业技能和知识；③教学材料；④课程实施的组织与安排；⑤教师的动机。在此基础之上，近年来研究者将这些关键因素进一步提炼，分为三类：①教师的专业性；②管理与组织；③新课改的性质。

"忠实度视角"认为教师应该严格按照新课程改革的要求来实施。按照这个标准，研究者使用量化的方式对变量进行评估，根据评估的结果判断新课程改革的实施是否以及在多大程度上"忠实"。但是也有学者认为，忠实度并不是一个绝对的变量，因为它受到实际条件的影响。例如，教师的参与度作为一个重要的衡量标准，研究发现，大多数的教师"认识到课改的本质"，但是在实际操作中却"按照自己的想法和舒适区假装在实施完整的新课程"。尽管原则上教师应该完全按照课改的要求理想地实现蜕变，但是事实上几乎所有的教师都达不到这一点，学者们解释认为教师会按照自己的学校和班级的情况对新课改的要求有所调整。

因此，课程实施的"忠诚度"在面临不同地区、不同环境的学校时，会遭遇不同的挑战，从而影响了课改的有效性。部分研究从微观的学校、教室、教师、学生的视角对课程实施进行。与此关联的是"发生视角"，该理论强调实施新课改发生的过程，重视教师和学生在教室的互动过程，以及课堂教学是如何开始、演绎和修改新课改的理念和要求。

在中国的教育情境下，新课改非常重视教育质量。已有的研究考察课改的实施情况也主要是分析对新课改理念和要求是否以及在多大程度上严格执行，使用"忠实度视角"发掘以学生为中心的教学方式和探究模式在观察课堂中的开展情况。但是，教师作为直接的执行者，其兴趣、目标、价值观、判断标准各有不同，对新课改的理解和认识也有所差异，教师会按照自己的决定实施新课改，而并非严格按照新课改的要求进行。新课改在我国实施已超过 10 年的时间，有大量的研究考察城市和农村的学校对新课改实施的情况。但是，很少有研究专门关注新课改在农民工子女学校实施的情况。本书正是在此问题的基础上，用反思性的视角看待农民工子女学校的教师实施新课改的现状，通过对教室内教学活动以及师生互动的分析，本书试图描绘出更真实的、丰富的农民工子女学校的课堂，以及课改在此类学校中实施所面临的具体挑战。

二、研究问题

在基础教育改革对教学质量高要求的背景下，本书将从以下问题入手：

第一，农民工子女学校实施课程改革的现状如何？

第二，农民工子女学校已经有效地实施课程改革的要求了吗？

第三，哪些因素影响着农民工子女学校实施基础教育课程改革？

三、研究方法

选择在江浙沪地区的农民工子女学校进行研究，共 4 所学校。江浙沪最近 20 年由于经济的迅速发展，吸引了大量的农村人口。在选择的 4 所学校中，农民工子女的人数占到本地儿童总人数的 60%。在本章节中，使用质性研究的方法，通过考察几所农民工子女学校的教学过程和实践来分析实施课程改革的具体情况。研究使用微观的课堂教学观察，对 16 个教室进行为期 3 个月的观察，所有的教学情况均拍成视频，供研究分析使用。

研究分为两个阶段，第一阶段为课堂观察，第二阶段为教师访谈。课堂观察每个班级进行为期 4 个星期的观察，每周 4 次，每个班级共计 16 次。教师访谈是在教师观察之后实施的，主要对教师实践中的理念、挑战和实践中的应对等方面进行提问。所有的访谈过程均在单独的安静环境中进行并录音，每个教师的访谈时间在 2 小时左右，分 2 次完成。表 6-17 列举出参与的 4 个班级的教师背景信息。

表 6-17　观察教师的背景信息

教师编码	教学年数	性　别	教育背景	授课年级	班级人数
T1	5	女	本科	P4	55
T2	3	男	专科	P3	58
T3	6	女	专科	P5	61
T4	10	女	本科	P4	59

研究观察使用"影子法"或者称作"全天观察法"，进行学校环境和教师教学实践的观察。"影子法"是一种跟随教师工作的过程，系统地记录教师的教学活动，包括语言、动作、表情等。通过拍摄录像、观察者的实时记录，以及各种文件资料等，研究收取了丰富的第一手资料。

访谈和观察的数据分析框架呈现在图 6-5 中，使用宏观和微观的视角，研究的目的是考察教师实施的教学活动是否以及在多大程度上实现了课改的理念和要求。研究的分析框架主要依据新加坡教学编码系统，其中对课堂教学活动类型的划分包括教师授课、师生互动、小组活动以及学生独立活动。教师的访谈数据分析是根据研究问题以及分析框架进行的，包括教师的理念和教学实践两个层面，将教师遇到的挑战从组织与行政、教师专业性以及课改本身三个方面进行主题编码。两类数据分析的结果并没有独立呈现，而是以相互验证的方式归类汇总和呈现。

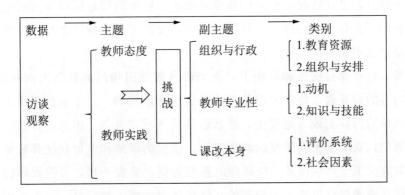

图 6-5　数据分析主题框架

四、结果分析

根据课程改革执行理论，农民工子女学校在实施课程改革的过程中遇到的挑战主要从以下几个方面分析：

(一) 行政方面

行政方面的挑战主要包括教学资源的提供、组织安排以及提供给教师的课程改革方面的资源等。首先，在农民工子女学校，每个班级的平均人数在50～60人，而城市的公立学校每个班级的人数平均在30人左右。农民工子女的班级课桌的排列均为横竖排，由于教室的空间不大，通常最后一排都贴到后墙壁，第一排都几乎挤到黑板一米左右的位置，教师的讲台往往非常狭窄。在访谈中，农民工子女学校的教师普遍反映教室的人数太多，而空间太小。城市的公立学校，师生比通常定在1∶19，但是在农民工子女学校，远远没有达到这个标准。因此，班级的人数多成为教师实施课程改革的第一个挑战。按照课程改革的要求，以学生为中心的学习方式应得到实现，但是在农民工子女学校，硬件设施的不达标已经让教师们几乎无法实施这一教学方式。

其次，在农民工子女学校，教育资源很匮乏。在观察的教室内，通常配备有黑板、教科书、极少的教具等，并没有配备现代化的技术如电脑或者其他电子教具。尽管政府鼓励学校的课程改革，给中西部地区以及农村地区投入大量的资金和教育资源，但是相比之下，农民工子女的资源和社会支持资源还是远远不够。

最后，在课程安排和组织上，整个市通常使用相同的教学大纲和教材，课程内容的设置通常是以城市儿童的发展水平制定的，对于农民工子女，无论在教学的内容上或者进度上，都远远落后于城市儿童。因此，在教学实施的过程中，农民工子女学校的教师表示，学生的理解和掌握程度都较低。研究选取农民工子女学校某一位教师的教案为例，见表6-18，尽管教师的参考用书是在新课程改革要求下编制的，但是教师在准备教学时，并未采用教师用书推荐的教学方法和活动方式。在五年级的数学教学大纲中，学生需要学习"百分数"。农民工子女学校的教师教案更关注学生的低思维技巧，更重视题目的练习以备考试；很少涉及探究式学习机会，比如小组讨论活动，结合生活实际的探索。在教师用书中，提供了大量的以学生为中心的学习方式和案例，但是教师几乎没有运用到自己的班级教学中。

表 6-18　教师设计的教案与教师用书的内容对比

农民工子女学校	教师用书
● 大多数学生能够读和写百分数的符号，能将百分数和小数互换。 ● 学生大量练习百分数换成小数，以及小数换成百分数，达到熟练掌握的程度。	● 鼓励学生搜寻生活中的百分数，并带一些材料到班级里，如牛奶瓶、果汁瓶等标有百分数的标签。 ● 每个小组记录讨论结果并与其他小组交流。

备注：教师用书是根据课程改革的要求编制。

（二）教师的专业发展

教师的专业发展主要包括教师实施课程改革的动机、教学技巧和知识。课程改革要求教师实施以学生为中心的教学，不仅要求教师理解和接受课程改革的理念，更能根据改革的要求改变和调整自己的教学方式和学生的学习活动。在本书中，研究发现，农民工子女学校教师对课程改革持有积极的态度，但是在教学实践中，却因为各种挑战而未能有效地实施。

1. 教师实施课程改革的动机

在与教师访谈的过程中，研究发现，教师对课程改革持有积极的态度。例如，教师（T1）表示："我从农村有编制的学校辞职来到城市教书，就是觉得在城市环境中更能接触到最新的教学技巧以及课程改革的动向，使我自己的专业发展更容易进步。"这些教师更倾向于在城市的学校工作，因为在他们看来，即使是在农民工子女学校教书，仍然比在农村的学校更容易接触到改革的教育理念和教学方式。此外，访谈的教师们还认为，课程改革更有助培养学生的创造力、自学能力、探究能力等，这些核心能力的培养对学生的一生至关重要。

但是，访谈的教师表示已有的教学实践活动并没有非常有效地实施课程改革的要求。例如，某一位教师（T4）表示："我非常想在班级尝试新课程改革的理念和教学方式，但是目前我班学生学习基础太弱，学习能力欠缺，很多时候学生连掌握基本的知识点都很困难，更不要说那些自学、自主探索等活动形式。"

教师们都普遍认为新课程改革对学生的要求高，学生不仅要有自学的能力，还要有探索和对知识的理解能力。在教师看来，农民工子女学校的学生很难跟得上城市的课程大纲和教学进度，尤其是这些学生大多数并没有真正地做好小学教育的准备。当城市里大部分的公立学校在如火如荼地开展新课程改革时，农民工子女学校的教师还在努力提高学生的基础知识，例如对新知识和基本概念的理解，以及如何提高学业成绩等。一位访谈中的教师（T3）这样解释：

我们学校（农民工子女学校）安排教师去附近的公立小学听课和学习，我们收获很多，感觉他们实施新课程改革后的课堂非常精彩，但是，这很难在我们的学校和班级实施。由于公立学校的班级人数不多，通常很容易组织小组活动，而且，即使教师们花了很少的时间给学生集体授课，学生们的学业成绩水平还是很高，但是我们却不能直接将这种模式用到农民工子女学校。

2. 教学知识和教学技能

在研究观察的农民工子女学校的班级中，教师们的教学实践并未很好地实施新课程改革的要求。例如，在案例一中，一位农民工子女不会解题，教师并未及时地帮助学生的学习，师生之间的互动也仅仅局限在以教师为主导的问答形式。

案例一 师生的学习氛围

教师：明，你来回答 16/4/2 等于多少？

学生：32。（非常小的声音）

教师：（知道答案不正确）好吧，你告诉我先算什么？

学生：16/4。

教师：然后呢？

学生：16/2。

教师：啊？你到前面来，你戴眼镜也看不清题目吗？

学生：（没有说话）

教师：你怎么回事？

学生：（还是没有说话）

教师：告诉我"16/4"等于多少？

学生：（还是没有说话）

教师：其他同学告诉他。

其他同学：4。

教师：对，所以 4/2＝？你来说。

学生：8。

教师：天哪，你吓到我了。你该回到幼儿园重读一遍了。（停顿了一下）赶紧回座位吧。

学生：（往座位走，长长地舒了一口气）

　　在案例一中，教师并未为她的学生（明）提供一个积极宽容的学习氛围。明的学业成绩水平属于班级较低的一类学生，当他没有回答出教师提问的问题时，教师尝试帮助学生分析解题的步骤和顺序，但是学生的表现令教师很不满意。在教师看来，学生连基本的"4 除以 2"都不能正确地回答，更不用说新知识的学习。但是，教师在学生第一次回答错误时，在情感上给予了负面的回应，让学生站到班级的前面，学生的情绪变得更紧张，在教师接连地追问几个问题后，学生全部回答错误，自信心也在一次次地减少。这个案例表明，教师有意识地在尝试新课改的要求，但是当遇到学生方面的挫折后，教师立刻变得失去耐心。这也表明：一方面，教师在面对学业水平较低的学生时，指导的策略仍然缺乏；另一方面，师生互动的氛围并不够积极。已有的研究表明，一个积极正向的学习环境，在一定程度上需要教师和学生保持平等的关系。新课程改革也要求让学生能够主动积极地融入课堂的环境中。而在此案例中，教师并没有为学生创设轻松和融洽的教学环境。

　　新课程改革还鼓励教师创设一个探索性的课堂环境，提供学生发展更高思维机会。在案例二中，教师（T4）尝试提供具有挑战性的教学任务给学生，但是大多数学生并没有如教师期望般积极地参与。学生并未理解"A 比 B 多百分之几"的内涵，所以无法跟随教师为学生提供的"鹰架教学法"。教师期望以学生为中心的探索活动，但是在提供机会给学生后，学生之间的互动很少，也并未表现出参与的兴趣。

案例二　挑战性教学任务的布置

教师：现在请你们（班级的所有学生）思考一下这个问题。现在，我们一起来看看题目。

教师和学生打开课本。

教师：谁知道这个题目怎么做？

学生：（没有人说话）

教师等待了 10 秒左右，但还是没有人举手。

教师：这样吧，我把题目读一读。

学生：（大多数人都很安静，个别学生开始举手）

教师：丽丽，你来说。

丽丽：（说出答案）

教师：对的，回答正确。那其他同学，你们知道是如何得出这个算式的？

学生：（没有人说话）

教师：这样吧，我来把题目给大家分析一下，帮助你们思考。我们可以假设这个题目里的"整项工程"作为单位"1"，然后呢？

丽丽和另一位同学又举手了。

教师：好吧，那你们说说"5 比 2 大多少个百分比"？

教师：对的，回答正确。那其他同学，你们知道是如何得出这个算式的？

学生：（没有人说话）

教师：（显得很沮丧）这么简单的问题你们都不会？怎么计算？

个别学生：（说出答案）

教师：对呀。那既然知道第一步的算式了，那"2 比 5 少多少百分比"？

学生：（没有人说话）

教师：又不知道啦？唉，我都不想说话了。你们什么都不会！什么都不会！这么简单的问题还要想半天。

学生：（没有人说话）

教师：跟上一个问题是一样的类型啊。行了，我们已经花了十几分钟来做这一道题目，也没时间给你们思考了，下面开始继续上新课吧。

在案例二中，学生没有积极地参与，以及缺乏解题的能力让教师非常沮丧。教师提供具有挑战性的问题，目的是为了启发学生的思考能力。根据教师的反馈，很多教师往往会尝试几次这类活动，但最后都会放弃。在此观察的教室里，研究发现教师再也没有尝试过类似的教学活动。事实上，案例中的教师并没有有效地使用"鹰架教学"以及学生"最近发展区"的能力，逐渐使用小步骤一步一步从简单向复杂的学习过渡。这类具有挑战性的教学活动一方面需要学生具有较扎实的知识基础，另一方面还需要学生能够主动参与活动进行思考。但事实上，案例中的农民工子女并没有很好地掌握基础的知识，而且在教学的活动中积极性和参与度很低。总的来说，农民工子女学校的教师往往把精力放在如何提高学生的考试成绩上。但是通过研究观察，教师或多或少地尝试各种新课改提倡的教学方式，而且教师们也认识到教学活动的改变对学生发展的重要性。总体上说，师生互动的质量并不高，教学方式主要以教师授课为主，学生被动地接受知识和接受考试强化训练。

（三）课改本身与农民工子女学校

课程改革目的是在教学过程中改变教与学的方式，但是目前在农民工子女学校，评价学生的指标是考试，这种过程性评价与结果性评价在农民工子女学校成为一组矛盾。本书将观察的课堂活动分为四种类型：教师授课、师生互动、小组活动、学生独立活动。为了评价以学生为中心的教学活动的比例，笔者将每种类型所占时间比例列举在表内。总体来说，农民工子女课堂活动以教师为主导。表6-19中显示教师全班授课的时间比例和学生独立活动所占的时间最长，小组活动几乎没有。在观察的教师中，仅有一位教师准备小组活动。学生很少有机会和班级其他同学进行互动。

表 6-19　教学阶段划分与时间

活动类型	教师1	教师2	教师3	教师4	平均
教师授课	31.3%	23.7%	46.2%	52.0%	38.3%
师生互动	33.6%	30.8%	22.4%	24.8%	27.9%
小组活动	0%	4.8%	0%	0%	1.2%
学生独立活动	35.1%	40.7%	31.4%	23.2%	32.6%

由以上可知，农民工子女学校的课堂教学活动并没有遵循课程改革中的要求，教师并没有改变教师的权威地位以及教师授课为主的教学模式，学生

也并未从传统的教学方式中解放自己。对此教师的解释是，以教师授课为主的课堂教学模式有助于教师完成学校安排的教学任务，因为仅仅完成学校布置的教学大纲对于教师来说就已经很具有挑战性。教师表示目前的农民工子女以考试评价学生的教育体制束缚了教师尝试新课改的热情。与其他的公立学校相比，农民工子女学校的学生学业成绩普遍偏低。因此，通过强化练习题目提高学生的考试成绩成为教师普遍使用的方法。

五、结果讨论

本书使用了理论分析框架进行分析农民工子女学校实施新课改的情况，研究数据根据研究问题以及分析框架进行，包括教师的理念和教学实践两个层面，教师遇到的挑战从组织与行政、教师专业性以及课改本身三个方面进行分析。研究结果认为，农民工子女学校并没有有效地实施课程改革的理念和要求，课堂教学还是以教师绝对的权威以及授课为主，教学的导向是为了学生的考试成绩，而忽略了学生的个体性发展。

尽管教师对新课改持有积极的态度，但是在尝试实施的过程中遇到了很多的困难。这种矛盾集中体现在农民工子女学校教师的身上。这些教师留在城市的学校工作，愿意学习新课改的理念和教学方式，而且事实上，很多教师在学习和观摩别的学校的教学后，在班级尝试使用新的教学方式，但是效果并不理想。在教师经历受挫后，很多教师还是选择传统的教学模式，对学生进行强化练习，为提高考试成绩做准备。

在 4 位访谈的教师中有 3 位表示："新课改很好，但是……"农民工子女学校教师面临的挑战主要有以下几个方面：新课改相关的教育资源的匮乏，行政组织上的限制，课改的要求与考试评价制度的矛盾，以及教师专业发展的局限等。首先，农民工子女学校的招生人数远远大于学校的场地能够满足的学生的人数，也就是说，由于每个班级的人数平均超过 50 人，教师面对人数众多的班级很难有效地实施新课改。其次，教学资源相当匮乏，除了课本和简单的教具，教室里几乎没有供学生使用的教学器材和资源。而目前城市的公立学校大量使用多媒体教学，强调学生的互动以及动手操作等能力，在农民工子女学校几乎没有实施。新课改颁布以后，政府投入了大量的资金和教育资源给农村或者偏远地区，以更好地实施课程改革。但是，在我国的东部地区，城市里的农民工子女学校设施却十分简陋，学校以营利为目的、自给自足的办学模式，未能得到当地政府的财政支持和社会的资助。

再次，学校的管理与组织是影响教师实施新课改的第二类因素。农民工子女学校以学生考试成绩为导向的评价体系与新课改的理念是矛盾的。很多教师即使非常愿意尝试实施以学生为主体的教学活动，例如小组探索、启发性讨论等，但都会严格地控制上课的集体授课时间，以及教师绝对权威的方式，留给学生自由探索的时间非常有限。已有的研究显示，以学生为中心的课堂往往比集体授课耗时更长，学生的学习效果变得不可预测。农民工子女学校的教师由于受到学校严格的教学大纲的约束，为了完成相应的教学任务，教师讲授的时间比例也相对较长。

最后，教师的专业性发展，包括教师的知识与技能也影响着农民工子女学校教师实施新课改的有效性。教师作为新课改的直接实施者，直接影响着教学质量。大多数的农民工子女学校的教师，往往来自于农村地区，由于受到已有工作背景的影响，到城市的学校教学非常需要在职的培训。但是根据教师的反馈，农民工子女学校针对教师的专业培训机会非常少，也限制了教师实施新课改的能力。有研究批判新课改的标准"仅仅停留在理念上"，却很少为教师提供具体的、易于操作的方式。新课改强调的"探究式学习""合作学习"，以及"动手操作"等形式，对农民工子女学校的教师来说很难完全理解并实施。然而，这些课改的理念在实施中往往被公式化、简单化和形式化。农民工子女学校中，教师因为缺乏探究式学习的经验而很难实施较好的课改实践。

我们的观察研究结果还验证了教师在选择教学策略时，学生及其学习经验是教师重点考虑和选择的因素之一。在对农民工子女实施课改的教学实践中，教师常常因为班级学业成绩较低的学生太多而使实践受到限制。这也解释了在我们的观察中教师并没有很成功地为农民工子女实施课改的教学方法。很多农民工子女并没有参加 3 年的学前教育，甚至很多连学前班都没有参加，到了城市之后，直接进入义务教育阶段。由于缺乏集体教育的经验以及入学准备经验，导致他们在城市的小学中很难跟得上同龄人的学习进度和学习水平。因此，教师尽可能地让农民工子女的基础知识先扎实，只有在较基础的知识掌握以后，教师才有可能进一步实施学生的自主学习。在城市的公立学校，教师往往不局限于课本，他们常常为学生提供额外的课外阅读和学习教材，以满足学生对课外学习扩充的需求。相比之下，在农民工子女学校中，教师疲于完成教科书的教学任务。因此，在农民工子女学校中，主要使用班级集体授课的方式，教师主讲为主，因为在教师看来，这种教学方式可以最为直接地让学生学习到教材的知识，也能高效地完成教学任务。但是，不可否认，在这样的教学环境下，学生很少有机会与教师互动，在教室内，我们观察到学生仅用"是""不是"等简单的话语回复教师，或者一直处于沉默的状态忙着记笔记，这些表现与课改的要求大相径庭。

此外，以考试为导向的教育评价体制也深深地影响着农民工子女学校的教师，使其无法采用新课改的教学方法。教师们认为，尽管新课改的理念是为了减轻学生的学业负担，培养其独立思考和自主学习的能力，但是学校最终的考评还是以学生的学业成绩为主要指标。不仅如此，教师的绩效工资、家长对学校和教师的认可等也参考班级学生的考试成绩。在这样的考核情况下，教师更多的精力是放在如何给学生练习更多的考试模拟卷，提升解题速度，最终提高考试的分数。因此，课改的推进在考试评价的压力下很难实施。正是由于这些实际的困难，农民工子女学校的教师仍然使用传统的授课模式和考试强化训练。

六、研究总结

本节的研究报告通过对农民工子女学校的教学实施情况的调研，提出影响新课改在学校实施的实际情况以及挑战，并对其中的原因进行分析。首先，研究具有一定的局限性和不足。因为研究的资金、人力和物力等问题，我们无法完全随机地抽取城市学校的样本。也就是说，研究样本的选择具有一定的"方便性"原则，没有达到完全理想的随机抽取状态。其次，尽管我们已经从宏观和微观的角度来进行原因的分析，但是不可避免的还有其他因素的影响，可能在本书中并未体现出来，这可以在以后的研究中进一步拓展。最后，本书的实施地区主要在我国的江浙沪地区，因此，并不能代表全国所有省市的情况，全国各地区省市的政策有所不同，教师的专业素质不同，可能导致研究结果的差异。

为了进一步促进新课改的实施，我们提出以下几点建议给政策制定者、学校、教师以及家长等。首先，对于学校的管理层，应该考虑如何改善学校的基础设施和教师的教学资源，缩小城市公立学校和农民工子女学校之间的差距，具体表现在如教师的在职培训机会和观摩其他公立学校教师教学的机会。其次，新课改的制定与实施如何与考试评价为主的体制更好地结合，而不是相矛盾，这是研究者需要思考的问题。我们希望此研究的结果能够在农民工子女教育问题上提供一定的参考价值，给农民工子女学校的教育和教师专业发展问题带来启示。

第七章　未来发展的机遇与挑战

第一节　国际城市多元化发展的政策与启示

早在 19 世纪 90 年代，以美国社会学家帕克为代表的芝加哥学派，就开始对从欧洲来到美国的新移民的工作和生活适应进行了研究。关于国际移民的社会融合问题，西方的研究主要围绕着外来移民与主流社会的关系问题展开。社会融合是个体和个体之间、不同群体之间或不同文化之间互相配合、互相适应的过程（任远、邬民乐，2006）。已有的社会融合理论大多是以解决美国这个典型的移民国家所面临的社会矛盾与冲突为目标而提出的（李明欢，2000）。西方早在 20 世纪初就开始了关于移民能否融入主流社会、如何融入主流社会等问题的探讨。移民的社会融合问题也成为贯穿 20 世纪始终的社会现实问题（李明欢，2000）。纵观社会融合理论的发展，至今逐渐发展为主要包括"经典融合论""多元文化论"和"区隔融合论"的三大流派。"经典融合论"提出了社会融合的经典定义："社会融合是个体或群体互相渗透、相互融合，在这个过程中，通过共享历史和经验，相互获得对方的记忆、情感、态度，最终整合于一个共同的文化生活之中。"（帕克、伯吉斯，1921）"多元文化论"则基于"经典融合论"在实践中逐渐异化为种族论，用以排斥、拒绝并试图强制同化移民文化的宣传工具的历史背景而产生并发展，是一种呼吁建立在平等基础上的政治主张。"区隔融合论"既提出了融合的多种维度和不同可能，又在承认不同文化具有先进性和落后性之分的基础上，弱化了文化作为多元文化论中影响社会融合唯一因素的决定性作用。其在考察个体人文和社会资本与宏观环境的交互关系的基础上，提出了移民的三种融合模式及其生成机制（波特斯、周敏，1993）。以上三种融合理论各有所长又互为补充，并根据融合方式、影响融合的因素以及融合结果的不同相互区别又彼此联系，共同构成当代社会融合理论研究的基础框架。

实践证明，城镇化发展的过程离不开社会融合，其中融合教育是社会融合的重要内容。2005 年法国巴黎发生了一起因移民而致少年死亡的、长达 20 天的社会骚乱。这是被喻为"移民天堂"的法国自 1968 年"五月风暴"以来规模最大、持续时间最长的一次社会危机，它不仅扰乱了法国社会的安定，同时唤醒了法国对移民二代教育政策的反思，也向全世界敲响了社会融合的警钟，揭示了融合教育的重要性。

农民工子女融合教育是社会发展的产物和城镇化的需要。这一问题属于社会融合范畴，不仅是教育问题，而且反映了一种社会态度与价值观。脆弱群体理论和社会分层理论等分别从不同角度为社会融合提供了理论依据。脆弱群体理论认为，要以更广泛的道义责任去保护社会中的脆弱群体，这是一个社会的基本伦理；社会分层理论则揭示了社会结构中的阶级或阶层差异所导致的社会排斥，启发人们关注阶层之间的社会融合，尤其要关注底层阶层的社会融合。社会融合的核心是互动，真正的社会融合应该是一种双向互动与融入。平等是社会融入的基本原则和价值基础，文化价值和行为模式是社会融合的重点。研究农民工子女融合教育问题，也是对脆弱群体的保护，要消除社会排斥，促进底层阶层的社会融合。农民工子女融合教育的核心也应该是双向的互动与融入，并以平等为价值基础。但就目前看来，我国农民工子女的教育融合在一定程度上仍属于一种农民工子女的单方向融入，农民工子女在身份融入、心理融入和文化融入等方面都存在问题与障碍，是城镇化进程中必须解决的问题。

农民工子女融合教育是社会融合的重要环节，不仅是教育问题，而且反映了社会的态度与价值追求，契合了"公正、自由、平等、友善"等价值观念。这种融合教育不是单纯的"个人教育事业"，也不是精英群体和大众群体二元制隔离体制下的教育，而是关乎全社会发展、关乎全民族整体文化素质的事业，它应该是在公正平等的教育理念以及权利意识下的教育融合，是对人权的维护。也就是说，农民工子女融合教育实质上是一种态度、价值观和信仰，它追求真正地接纳、归属、认同与包容，突破传统社会的歧视与排斥，强调在合适的教育安置模式下对农民工子女的价值认同，争取这个群体的公共权益。农民工子女在获得教育的过程中能被他人（包括老师、同学、社会人群）认同其价值，这对他们及社会都很重要。首先，被他人接纳可以让他们获得自信，消除自卑，较好地融入城市教育与社会。其次，农民工子女在参与学习及生活活动中获得成功，获得成就感，可以让他们真正地觉得"我也是有用的人""我是受欢迎的人"，在实现自我接纳与融合的同时，增加市民对农民工子女的认同感。最后，农民工子女比其父母更愿长期在城市生活，是城市新一代建设者，若能使他们通过融合教育得到充分发展，并真正融入城市，无疑将大大促进社会融合和深层次的城镇化发展。所以，重视农民工子女融合教育，是社会理性文明的表现，体现了社会的公正，使草根阶层获得上升通道，体现了人与人的平等性，即公民具有平等接受教育的权利和具有平等享有公共资源的权利，它维护了社会的文明与进步，合乎社会主义的核心价值观。

农民工子女融合教育是社会经济发展的必然产物，是从物质文明向精神文明转变的必然结果，更是城镇化的需要。改革开放以来，由于东部沿海地区经济发展的需要，大量人员涌向东部沿海地区，并随着经济的发展，城镇化进程也得到了较快的发展，家庭式迁移已成为近几年农民工流动的新方式，并由此在城市中衍生出了农民工子女这一特殊的弱势群体。他们在城市中的教育问题日益突出，并受到了社会的普遍关注。从最初单纯地要求保障"农民工子女教育公平的权利"到现在进一步提倡的"农民工子女融合教育"，反映了农民工子女在城市教育问题发展过程中的量的积累，当然，将来也必将有质的飞跃。城镇化发展既需要重视农民工子女的融合教育，同时也要为融合教育创造条件。

第二节　农民工子女全纳教育研究方向与趋势

农民工子女教育问题仍是当前城市需要解决的教育公平问题之一。各地政府在积极响应、具体落实国务院"两为主"政策的过程中仍面临不少困难和问题。近年来有学者偏重于从人口学视角对大城市农民工子女教育存在的主要问题进行深入剖析，并提供了解决问题的战略选择与政策措施；有的学者在调查访谈和文献梳理的基础上，围绕农民工子女就读城市公办学校的文化冲突与融合展开研究，提出了"以'多元一体教育'来化解文化冲突、促进文化融合"的思路。其中，农民工子女全纳教育/融合教育的研究方向已成为主要的研究趋势之一。

"农民工子女全纳教育"是指为义务阶段的农民工子女提供非隔离的教学环境，促使其与城市儿童共同学习，接受高质量的教育，达到真正的教育融合。全纳教育最早应用于特殊儿童的群体，是指特殊学校的残障学生融入主流教育的研究，后逐渐发展为所有处境不利的儿童融合教育，其中也包括农民工子女融入城市的学校。本书中的"全纳教育"不同于狭义概念针对身体残疾的特殊儿童的融合教育，而是将研究对象范围扩展到我国的农民工子女群体，并重点关注目前已经融入城市公立学校的儿童。基于我国目前义务教育阶段入学机会已基本得到保障，农民工子女纳入城市公立学校体系后的教育质量和学业发展水平也受到广泛关注。

一、对全纳教育教师专业素养研究的内容与维度

国内外研究全纳教育教师的专业素养是指教师在全纳教育教学过程中表现出来的决定教育教学效果，并对学生身心发展有直接或潜在影响的品质。本书主要关注农民工子女在全纳教育情境下教师素养的核心品质，不探讨其基本教学技能、学科知识等素养。近年来英美等国家开始关注移民流动儿童的全纳教育质量，并对儿童的学业发展进行长期的跟踪研究，探究影响学业的相关因素。研究表明，教师的专业素养、学校系统支持、家校合作等因素显著影响教师实施全纳教育的质量，进而影响儿童的学业发展和社会融合的水平。研究还表明，教师对待全纳教育的态度和实践存在差异，尽管有些教师在态度上接受全纳教育，但在具体的实践操作层面专业素养欠缺。

全纳教育在世界各国政策不同，研究情境和发展水平也有所差异。已有的研究包括两个方面：①全纳教育环境是否促进特殊学生学业和社会交往能力的发展；②全纳教育环境是否影响本地学生的发展，来考察全纳教育实施与儿童学业发展的影响。跟踪研究发现，学生在隔离学校和全纳学校中的学业发展水平存在显著差异，接受全纳教育的学生学业发展水平显著超过隔离

学校的学生。学校层面的显著影响变量归纳如下：①物理环境，包括空间的大小及安全、设施设备的公平使用等；②心理环境，包括人人得到公平对待与尊重、良好的同伴互动和师生互动等；③课程与教学，包括课程设计、课程调整、学习目标个别化、同伴的合作教学、评估手段的多元化等；④支援系统，即专业人员的支持、家长参与、行政支持、社区资源等。与国外文献相比，我国探讨全纳教育环境中农民工子女发展状况的实证研究不多，而且研究内容主要是了解教师对农民工子女的接纳情况，很少有研究跟踪调查全纳教育的实施质量及其教师的专业素养的发展水平。

国内外文献考察教师全纳教育的专业素养发展水平主要包括三个维度：知识、理念与态度、技能（叶澜，1998）。表 7-1 归纳出近 5 年的国内外文献，并对比我国最新试行的《小学教师专业标准》，研究教师的专业素养主要包括：①教师对全纳教育的态度和观念；②教师的全纳教育的专业知识；③教师实施全纳教育的专业技能。研究表明城市学校的教师对农民工子女的相关知识储备少，在教学中不能根据学生的需要调整教学进度，教师的教学效能感偏低（黄兆信，等，2015）。

表 7-1　普惠性幼儿教育教师专业素养的文献分析结果

维　度	教师专业素养	《小学教师专业标准》中对应的要求
态　度	1. 接纳学生身上存在的差异性和多样性	/
	2. 理解并接受融合教育背后的价值和意义	/
知　识	全纳教育内涵及身心发展特点	了解不同年龄及有特殊需要的学生身心发展特点和规律
	农民工子女学业发展特点	/
	农民工子女教育政策和法规	/
技　能	环境创设能力	创设适宜的教学情境，根据学生的反应及时调整教学活动
	多元诊断与评估能力	灵活使用多元评价方式，给予学生恰当的评价和指导
	课程调整能力	/

续表

维　度	教师专业素养	《小学教师专业标准》中对应的要求
技　能	差异教学能力	尊重个体差异，主动了解和满足有益于学生身心发展的不同需求
	家校合作能力	与家长进行有效沟通合作，共同促进学生发展
	师生关系和沟通交流能力	善于倾听，和蔼可亲，与学生进行有效沟通

　　目前国内外没有统一的全纳教育教师评估标准。已有的研究方法主要从两个角度切入：①教师对全纳教育的态度和观念调查《Survey of Teacher Attitude Regarding Inclusive Education within an Urban School District》(2006)，主要采用问卷量表和访谈法；②教师的全纳教育实践评估《School Best Practices for Inclusive Education (BPIE) Assessment》(2013)，是目前欧美国家较为常用的考察全纳教育教师专业素养的测量工具。国外研究方法主要以工具测查和田野研究相结合为主；我国已有的研究更侧重于在国际背景中对全纳教育教师素养的文献分析，很少有定量和定性相结合的实证研究。

　　目前国内外研究和我国的教师专业标准法规已经反映出农民工子女全纳教育质量的理念的重要性，但是对于教师的专业素养是否影响以及如何影响儿童的学业发展研究很少。农民工子女入学准备的发展水平与城市全纳教育实施质量之间的关系还需要更多的研究探讨。在城镇化迅速发展的中国，大量的教师和农民工子女正经历或者即将体验全纳教育，但是针对全纳教育教师如何实施农民工子女全纳教育并没有明确的要求，对可能影响教育质量的教师专业素养的相关变量缺乏实证研究支持。虽然目前普遍认同全纳教育对农民工子女融入城市学校具有重要的作用，但是国内缺乏有关农民工子女纳入城市公立学校后的学业发展长期跟踪研究。因此，考察农民工子女在城市接受全纳教育质量的水平和学业的发展及其跟踪研究显得非常必要。

　　未来研究农民工子女学校教育拟突破的重点和难点可能包括：首先，本书遵循基础研究与应用研究相结合的思路。由于理论和实证层面对"全纳教育"的研究对象不一致（如身体残疾，种族、性别、年龄、信仰、文化背景等处于弱势的群体），造成了"农民工子女"这个在中国社会转型中出现的特殊群体没有在国际的全纳教育研究中得到足够的关注。未来研究不仅从教师专业素养发展的角度对农民工子女全纳教育质量进行评估，还进一步发展国内有关农民工子女全纳教育的理论，注重联系基础研究结果对教师在实施农民工子女全纳教育中专业素养的发展进行评价，对城市学校的教育实践提供专业建议。

其次，遵循横向研究与纵向研究相结合的思路。农民工子女全纳教育教师专业素养受到多种因素的影响，横向研究可以探究农民工子女学业发展水平与教师实施全纳教育专业能力之间的关系，但是无法解决当前城市全纳教育体系发展变化对儿童学业发展的持续影响。因此，通过对农民工子女的学业发展进行跟踪研究，即纵向研究，有助于了解在我国的全纳教育背景中儿童学习发展的动态变化。

最后，我国实施农民工子女全纳教育的教师面临的现实情境与西方教师并不完全相同。在此背景下，所需的知识、技能和态度必然存在一定差异。已有的研究更侧重于在国际背景中对融合教师素养的初步探讨以及对国内外文献的综合分析，但并未完全聚焦于中国的现实情境。近10年来，越来越多的研究开始关注提升农民工子女的城市教育质量，也因此强调教师有目的性的教学指导，但是现有的质量标准和评价工具却没有包括或极少涉及这一点。未来研究通过考察全纳教育中农民工子女学业发展的影响因素和教师专业素养变量之间的关系，为初步探索教师专业素养的监测提供研究依据。

二、对农民工子女社会和文化融合的研究

学校教育对农民工子女的融合存在一定的局限性。目前国内外对农民工子女的融合教育研究除了关注学校教育的融合以外，对社会和文化融合也非常重视。农民工子女融合教育，是指在公平的价值理念下，使农民工子女在学习、生活和心理等方面与本地相融合，促进其全面和谐发展的教育。对流动群体而言，对城市文化和社会生活充满期待却受到一系列融合的阻碍，在文化融合中成为被分离的"边缘"群体，这对自身成长发展造成了影响。

首先，生态系统理论对城市农民工子女社会融合教育问题的分析，从个体的"生理—心理—社会"三维系统进行融合。在微观系统内部，农民工子女的生理的、心理的、社会的系统是相互作用的，在看待农民工子女的融合教育问题及处理时，需注意三个系统及其之间的相互影响。生物、心理和社

会作为三个独立而相互作用的系统，它们对农民工子女的个人系统都具有重大影响。例如，农民工子女随父母迁徙流动，陌生的城市环境以及城市同学和家长的排斥，容易造成其融入城市困难，加之学业中断或教学进度与以往学习进度脱节致使学习成绩较差，而父母的高期望和自我成长压力的不平衡往往会产生抑郁、沮丧、焦虑等不良情绪状态，形成自我评价消极、自我效能感低使其的心理偏差（心理系统）。伴随着自信心的逐渐丧失，还会产生逃课或厌食等行为偏差（生理系统），在心理系统和生理系统的互相影响下，农民工子女逐渐走向自闭，拒绝社会交往，产生社会隔离，进而陷入人际交往困境（社会系统）。

其次，有的研究认为农民工子女的文化和社会融合主要包括三个层面：物质层面、精神层面、制度层面。

（一）物质层面的融合

物质文化是精神文化与制度文化的基础，实现物质文化的有机融合是全面实现文化融合的关键一步。实现农民工流动子女群体物质文化与城市主流文化的融合，需要从提高农民工经济收入水平与促进行为文化发展两方面着手。市民群体在城市社会中基本都具有稳定居所，拥有稳定的收入来源，而农民工群体不具有此类物质资源，且受农村保守、孤立等文化熏陶，有钱不舍得花，消费水平较低。这就使农民工流动子女群体面对城市开放、流动的文化氛围充满向往而又敏感自卑。农民工流动子女群体"焦虑""漂泊"等情绪以及"边缘人"的自卑感还体现在经济收入对教育资源的影响等方面。

（二）精神层面的融合

精神层面的文化融合是最高层次的文化融合，在农民工流动子女文化融合的过程中，该群体自身文化相对于城市文化来说是弱势文化，发展速度慢，影响空间小，要想打破该群体在文化融合中的边缘危机，需要帮助该群体树立正确的价值观和认同感。价值观是主体对客观事物的根本看法和行为准则，在文化融合的过程中，树立正确的价值观能够促进文化融合更好更快地实现。价值观的形成受到生活环境的影响，农民工流动子女的生活场所主要包括家庭、学校以及社会，三管齐下，才能帮助该群体树立正确的价值观。处于社会阶层和个人之间的家庭不仅是个体的生活之基，也潜移默化地影响并塑造着个体的价值观念和行动策略的选择。

（三）制度层面的融合

制度措施是文化融合的外在支撑和有力保障，农民工流动子女的文化融合需要社会宏观政策的支撑以及学校微观制度的保障，这就要求政府和学校积极为该类群体的文化融合创造制度条件。积极的文化融合建立在社会平等交往的基础上，政府对社会资源进行制度性再分配是实现文化融合的有效手段，对农民工流动子女群体来说，最重要的是政府提供生活物质资源以及教育资源的制度保障。生活物质资源包括财政政策的倾斜以及社会公共资源的共享。首先，户籍制度作为农民工及其子女享受城市社会平等待遇的一大障碍，《国务院办公厅关于积极稳妥推进户籍管理制度改革的通知》等文件已在对该问题努力进行解决，倡导各种政策措施不再与户籍制度挂钩，逐步实现农民工流动子女群体生活物质资源的有效保障。其次，教育资源问题是实现农民工流动群体文化融合与发展过程中亟待解决的问题。我国教育政策极力保障个体的义务教育，但对其他阶段的教育没有政策性要求，农民工流动子女在义务教育阶段能够在城市接受公办或民办学校教育，但在升学过程中受到阻碍，文化融合也只能是浅尝辄止。为农民工流动子女高中及以上教育提供政策性帮助是促进其文化融合与自身发展的有力举措，这就需要政府出台一系列切实可行的政策文件，加大对教育的投入。

学校作为文化传播的主要场所，应当为农民工子女流动群体提供良好的教育机会和条件。当然，没有经济基础、制度保障这样决定性社会力量的刚性作用，文化融合也无从谈起，政府也需积极作为，为农民工流动子女的文化融合提供根本保障。虽然在短时间内实现农民工流动子女的文化融合难度较大，但在社会各界的共同努力下，该群体将能够在城市社会拥有更加公平的发展机会与广阔的发展平台，文化融合也终将会实现。

附录一：教师问卷

第一部分 基本信息

1. 您的性别：

☐女 ☐男

2. 您所在的学校：

☐公立小学 ☐农民工子女学校

3. 您目前的班级组成：

☐大部分是农民工子女 ☐一半农民工子女，一半城市儿童

☐大部分是城市儿童

4. 您的户口是：

☐农业户口 ☐非农业户口 ☐已从农业户口转为非农业户口

5. 您的年龄：

☐20 岁以下 ☐20～29 岁 ☐30～39 岁 ☐40～49 岁

☐50 岁以上

6. 您目前获得的最高教育学历：

☐专科

☐本科

☐研究生

☐其他：_____

7. 您的教学年龄：

☐5 年以下 ☐5～10 年 ☐11～20 年 ☐21 年以上

8. 您从事农民工子女教学时间：

☐3 年以下 ☐3～5 年 ☐6～10 年 ☐10 年以上

第二部分

1. 您对目前农民工子女教育情况的看法是：

□非常不好　　　□不尽如人意　　　□一般

□好　　　　　　□非常满意

2. 您对整个社会对农民工子女教育所做的努力的看法是：

□显然不够　　　□不够　　　　　　□有点不够

□足够　　　　　□完全足够

3. 在帮助农民工子女教育方面，请您对以下六个选项的重要性排序，将字母写在横线上（从最重要到最不重要排序）。

　　a. 政府

　　b. 家长

　　c. 教师

　　d. 社区

　　e. 农民工子女自己

　　f. 同伴

_____

4. 以下列举出可能与农民工子女成绩相关的因素，请在有相关的项目中打√。

可能的因素	
a. 国家政策	
b. 父亲的教育背景	
c. 母亲的教育背景	
d. 父母陪伴儿童的时间	
e. 家庭社会经济状况	
f. 家庭教育经费	
g. 学校类型	
h. 教师期望	
i. 教师的教学经验	
j. 社区环境	
k. 农民工儿童的性别	

可能的因素	
l. 农民工儿童进城的时间长短	
m. 农民工儿童学习能力	
n. 同伴的影响	
其他（请写出）：	

第三部分

以下内容是有关农民工儿童的陈述，使用了 5 个等级选项（1＝同意，2＝大部分同意，3＝不确定，4＝大部分不同意，5＝不同意）。请您就自己的看法，选择您认同的选项，并在数字上打√。

号 码	以下是有关教师对农民工儿童的态度的陈述，请在您认同的选项上打√。	同 意	大部分同意	不确定	大部分不同意	不同意
1	农民工儿童应该与城市儿童一样，在城市公立学校学习。	1	2	3	4	5
2	农民工儿童应该从正常班级分出，放在更严格环境的班级学习。	1	2	3	4	5
3	农民工儿童应该集中在学习基础知识和基本技能上。	1	2	3	4	5
4	农民工儿童与城市儿童相比，很少具有能力学习富有挑战性的知识。	1	2	3	4	5
5	农民工儿童集中的学校和班级，纪律问题会很多。	1	2	3	4	5
6	农民工儿童不会因为自己背景（如语言或文化）的不同，而影响自己的数学成绩。	1	2	3	4	5
7	农民工儿童中没有掌握基本技能和知识的学生，应该按照能力分成不同的班级。	1	2	3	4	5

号　码	以下是有关教师对农民工儿童的态度的陈述，请在您认同的选项上打√。	同　意	大部分同意	不确定	大部分不同意	不同意
8	我的专业背景知识可以让我很好地与农民工儿童共处。	1	2	3	4	5
9	我具有必备的班级管理技能来支持农民工儿童的学习。	1	2	3	4	5
10	在过去的三年里，我参加过有关农民工儿童教学的培训（如讲座、会议等）。	1	2	3	4	5
11	我帮助农民工儿童更好地适应城市生活（如在语言和城市习俗方面）。	1	2	3	4	5
12	我与农民工儿童的父母交流与合作。	1	2	3	4	5
13	我对待班级的每个学生都是一样的。	1	2	3	4	5
14	我很难调整自己的教学方式来满足农民工儿童的不同背景的需要。	1	2	3	4	5
15	农民工儿童因为自己的家庭背景条件不好，而无法得到帮助。	1	2	3	4	5
16	给农民工儿童教学，我觉得很惬意。	1	2	3	4	5
17	我工作的学校实施很好的农民工儿童教学。	1	2	3	4	5
18	我观察农民工儿童的课堂表现。	1	2	3	4	5
19	我分组鼓励农民工儿童与城市儿童小组交流与合作。	1	2	3	4	5
20	我在课堂上给予农民工儿童机会进行问答。	1	2	3	4	5

号　码	以下是有关教师对农民工儿童的态度的陈述，请在您认同的选项上打√。	同　意	大部分同意	不确定	大部分不同意	不同意
21	大多数的农民工儿童与城市儿童相处得很好。	1	2	3	4	5
22	目前城市的课程很难落实农民工儿童的教育。	1	2	3	4	5

第四部分

感谢您参加本次调查问卷。本书的下一阶段是有关教师访谈和课堂观察，大约需要 1 小时的访谈与 5 小时左右的课堂观察。如果您有兴趣参与的话，请留下您的信息，我们将会联系您。

□愿意　　　□不愿意

请留下您的联系方式

您的姓名：_____

地址：_____

电话：_____

电子邮箱：_____

附录二：教师访谈提纲

A. 教师对农民工儿童的期望

1. 作为教师，能谈谈您教过的农民工儿童的经验吗？

2. 能谈谈您现在班级的农民工儿童吗？

3. 您对他们的学业成绩方面有何期望？

4. 如何让您的学生了解您的期望？

5. 您觉得学生对您的期望是如何理解的？

6. 您认为您的期望是如何影响学生的学业成绩的？

7. 学生的农民工儿童身份是如何影响您对他们的学业期望的？

B. 教师的教学实践（农民工儿童与城市儿童混合）

8. 您认为农民工儿童与城市儿童应该混合在一起吗？为什么？怎么混合？

9. 农民工儿童与城市儿童有何不同？

10. 您在课前准备教案时，如何考虑农民工儿童与城市儿童的需求？

C. 教师的教学实践（学生性别方面）

11. 您是如何看待男生和女生农民工儿童的学习成绩的？

12. 相比城市的男女生，您是如何看待农民工儿童的男女生的？

13. 根据性别的因素，您是如何准备教学的？

D. 教师的教学实践（学生进城时间）

14. 您认为农民工儿童进城时间长短和他们的成绩之间有关系吗？如果有，是怎样的？

15. 您在准备教学的过程中，如何考虑农民工儿童进城时间长短的？

E. 教学挑战

16. 您认为农民工儿童有哪些学业上的需求？

17. 在教学中，您是如何满足他们的这些需求的？

18. 您觉得对农民工儿童进行教学时，最具有挑战性的是什么？您是如何解决的？

19. 您觉得与城市儿童相比，农民工儿童与教师的课堂互动质量如何？

20. 您觉得在对农民工儿童进行教学时，教师们需要哪些帮助？

感谢您的参与，您还有其他要补充的吗？

附录三：课堂观察

第一部分

1. 观察日期：＿＿＿＿＿＿＿＿＿

2. 起始时间和结束时间：＿＿＿＿＿＿

3. 学校：＿＿＿＿＿＿＿

4. 教师：＿＿＿＿＿＿＿

5. 教师性别：＿＿＿＿＿＿＿

6. 教学年数：＿＿＿＿＿＿＿

7. 课程名称：＿＿＿＿＿＿＿

8. 班级学生人数

男＿＿＿＿＿＿＿；　女：＿＿＿＿＿＿＿

农民工儿童人数

男＿＿＿＿＿＿＿；　女：＿＿＿＿＿＿＿

9. 教室布局（农民工儿童与城市儿童）

单排，双排，椭圆形，课桌摆放

10. 教师准备的课程材料及其使用的材料

11. 教师使用的工具

黑板，幻灯片，记录表，教科书，网络多媒体，教学器材及其他

12. 学生使用的工具

黑板，幻灯片，记录表，教科书，网络多媒体，教学器材及其他

13. 每种谈话的时间（百分比）

谈话种类	百分比（%）
组织性的谈话	
维持纪律的谈话	
课程内容的谈话	
师生互动的谈话	
学生讨论的谈话	

第二部分

1. 认知性内容的师生互动

	学生 1	学生 2	学生 3	学生 4	学生 5	学生 6
发起互动的次数						
发起互动的类型						
学生回应的次数						
学生回应的类型						
教师反馈的次数						
教师反馈的类型						

2. 社会性行为的师生互动

教师支持性和有效性的与学生互动，包括：肯定、表扬、语言支持和鼓励。显性的是口头语言，隐性的有行为、情感和姿势。

	学生 1	学生 2	学生 3	学生 4	学生 5	学生 6
惩罚（次数与类型）						
表扬（次数与类型）						
积极的阻止（次数与类型）						
消极的阻止（次数与类型）						
积极的回应（次数与类型）						
消极的回应（次数与类型）						

还有其他与课堂观察相关的内容吗？

_____

_____

附录四：学生问卷

请先阅读本次问卷的介绍。

这不是测验，所以你的答案没有对错之分。

本问卷的目的主要是关于你对自己的情况的认识，以及与他人的关系的看法。当你准备开始时，请认真阅读每个内容，选择自己满意的答案。每个句子后面有 5 个选项（同意到不同意）。我们承诺你的所有信息将会保密。

第一部分　基本信息

1. 你的性别：

□女　　　　□男

2. 你所在的学校：

□公立小学　　　　□农民工儿童小学

3. 你进城读书的时间：

□一年级之前　　　□一年级到三年级之间　　　□三年级之后

4. 你的年级：

□四年级　　　□五年级

5. 你在学校使用的主要语言：＿＿＿＿＿＿＿＿

6. 你在家使用的主要语言：＿＿＿＿＿＿＿＿

7. 你的年龄：＿＿＿＿＿＿＿＿

8. 你的出生地：＿＿＿＿＿＿＿＿

第二部分

下面的每个内容，请在你认同的选项上打√。

	自　己	同　意	大部分同意	不确定	大部分不同意	不同意
01	数学是我最擅长的学科。	1	2	3	4	5
02	我觉得没有必要学数学。	1	2	3	4	5
03	我很难理解数学知识。	1	2	3	4	5
04	我课后花很多时间在数学上。	1	2	3	4	5
05	我具有学习数学的天赋。	1	2	3	4	5
06	我从来没有学习数学的兴趣。	1	2	3	4	5
07	数学对我以后找工作很重要。	1	2	3	4	5
08	尽管我已经努力学习了，我的数学成绩还是不好。	1	2	3	4	5
09	我必须掌握基本的数学知识和技能。	1	2	3	4	5
10	我以后会在数学上取得好成绩。	1	2	3	4	5
	家　长	同　意	大部分同意	不确定	大部分不同意	不同意
11	我的父母经常参加学校的活动。	1	2	3	4	5
12	我的父母与老师谈论我的学习成绩。	1	2	3	4	5
13	我的父母指导我完成家庭作业。	1	2	3	4	5
14	我的父母在课后花钱给我补课。	1	2	3	4	5
15	我的父母经常给我买课外书。	1	2	3	4	5

续表

家　长	同　意	大部分同意	不确定	大部分不同意	不同意
16 如果我考试没考好，我的父母会惩罚我。	1	2	3	4	5
17 我的父母希望我以后能上大学。	1	2	3	4	5
18 如果我的考试成绩好，父母会表扬我。	1	2	3	4	5
19 我的父母让我好好学习。	1	2	3	4	5
20 我的父母告诉我数学是最重要的学科之一。	1	2	3	4	5
情　绪	同　意	大部分同意	不确定	大部分不同意	不同意
21 我平时很放松，情绪很稳定。	1	2	3	4	5
22 我到城市读书后，常常感到学习压力。	1	2	3	4	5
23 我在城市的大多数时间是快乐的。	1	2	3	4	5
24 我在进城读书之前，从来没感到有压力。	1	2	3	4	5
25 我进城读书后，经常很紧张，强迫自己好好学习。	1	2	3	4	5
学　校	同　意	大部分同意	不确定	大部分不同意	不同意
26 在这个学校读书，我觉得很骄傲。	1	2	3	4	5
27 在学校，我不喜欢讲普通话。	1	2	3	4	5

	学　校	同　意	大部分同意	不确定	大部分不同意	不同意
28	我觉得现在我读书的学校比我家乡的学校好。	1	2	3	4	5
29	我想读到高中之前就退学。	1	2	3	4	5
30	我觉得读书对我以后的人生不重要。	1	2	3	4	5
	教　师	同　意	大部分同意	不确定	大部分不同意	不同意
31	我的数学老师很喜欢我。	1		3	4	5
32	我的数学老师经常在班级夸奖我。	1	2	3	4	5
33	我的数学老师相信我能学好数学。	1	2	3	4	5
34	我的数学老师经常在班级提问我回答问题。	1	2	3	4	5
35	我的数学老师很有耐心听我提问问题。	1	2	3	4	5
36	我的数学老师对我的学习很失望。	1	2	3	4	5
37	数学老师经常讲方言，我听不懂。	1	2	3	4	5
38	数学老师经常批评和惩罚学生。	1	2	3	4	5
39	数学老师对班级每个同学都很公平。	1	2	3	4	5
40	数学老师鼓励我和城市同学交流和合作。	1	2	3	4	5
41	数学老师经常在班级表扬其他同学。	1	2	3	4	5

	教　师	同　意	大部分同意	不确定	大部分不同意	不同意
42	数学老师希望班里的每个人都努力学习。	1	2	3	4	5
43	当我学习退步了，数学老师会让我努力赶上去。	1	2	3	4	5
44	我的数学老师能够发现我学习上的困难。	1	2	3	4	5
45	数学老师经常邀请我的父母参加学校活动。	1	2	3	4	5
	同　伴	同　意	大部分同意	不确定	大部分不同意	不同意
46	我在学校朋友很少。	1	2	3	4	5
47	我更喜欢和同样是农村来的同学交朋友。	1	2	3	4	5
48	我和城市同学没什么共同爱好。	1	2	3	4	5
49	我喜欢和城市同学交往。	1	2	3	4	5
50	我们班级大多数同学对我都很友好。	1	2	3	4	5

感谢你参与本次问卷，你还有要补充的吗？

参 考 文 献

[1] 周一星，曹广忠．改革开放 20 年来的中国城市化进程［J］．城市规划，1999，23（12）．

[2] 中华人民共和国国家统计局编．中国统计年鉴［M］．北京：中国统计出版社，2007．

[3] 苏少之．1949—1978 年中国城市化分析［J］．当代中国史研究，1999（2）．

[4] 孙颖杰，王姝，邱柳．中国城市化进程及其特征研究［J］．沈阳工业大学学报（社会科学版），2009（7）．

[5] 李阳．流动人口公共产品提供的公共政策研究——以流动儿童义务教育为例［M］．北京：北京理工大学出版社，2015．

[6] 袁守启．劳动法全书［M］．北京：宇航出版社，1994．

[7] 全国人民代表大会常务委员会法制工作委员会编．中华人民共和国法律行政法规规章司法解释分卷汇编·48·社会法卷·劳动［M］．北京：北京大学出版社，1998．

[8] 中共中央文献研究室编．十五大以来重要文献选编（上）［M］．北京：人民出版社，2000．

[9] 殷江滨．中国人口流动与城镇化进程的回顾与展望［J］．城市问题，2012（12）．

[10] 马洪，王梦奎．中国发展研究——国务院发展研究中心研究报告选：2002 版［M］．北京：中国发展出版社，2002．

[11] 张慧卿．20 世纪 90 年代以来"乡—城人口流动政策述评"［J］．前沿，

2010（17）.

[12] 张慧洁，文达，等．二战以来各国迁徙人口教育保护政策——兼论流动人口及子女受教育权的法学问题［M］．长春：吉林大学出版社，2011.

[13] 蒋太岩，刘芳，谷颖，等．从歧视走向公平——中国农民工及其子女教育问题调查与分析［M］．沈阳：东北大学出版社，2014.

[14] 我国农民工工作"十二五"发展规划纲要研究课题组．中国农民工问题总体趋势：观测"十二五"［J］．改革，2010（8）.

[15] 段成荣，梁宏．我国流动儿童状况［J］．人口研究，2004.

[16] 蒋太岩，刘芳，谷颖，等．从歧视走向公平——中国农民工及其子女教育问题调查与分析［M］．沈阳：东北大学出版社，2014.

[17] 黄兆信，万荣根．农民工随迁子女融合教育研究［M］．北京：中国社会科学出版社，2014.

[18] 基础教育［EB/OL］．http：//www. shtong. gov. cn/node2/node19828/node20002/node20037/node31412/userobjectlai69085. html.

[19] 程笑君，施光明．杭州市流动人口子女教育问题的调查报告［J］．浙江教育科学，2001（6）.

[20] 余舰，吴树琴，胡建余，等．我国部分地区流动人口适龄儿童、少年入学情况调查报告［J］．教育研究，1997（9）.

[21] 张祺，赵兴旺．把特别的爱献给特别的他们——城镇流动人口中适龄儿童少年就学问题述评［J］．光彩，1997.

[22] 周拥平．北京市流动人口适龄儿童就学状况分析［J］．中国青年政治学院学报，1998（2）.

[23] 海南省流动人口子女教育问题课题组．海南省流动人口子女教育问题的调查报告［J］．海南师范学院：社会科学版，1997（4）.

[24] 杨年强．教育也是一种投资环境［J］．光彩，1997（9）.

[25] 黄志法，傅禄建．上海市流动人口子女教育问题调查研究报告［J］．上海教育科研，1998（1）.

[26] 张永强．都市边缘的"流动学校"［J］．北京观察，2000（9）.

[27] 韩嘉玲．北京市流动儿童义务教育状况调查［M］//杨东平．中国教育蓝皮书（2003）．北京：高等教育出版社，2004.

后　记

　　农民工子女教育发展与质量提升是我自博士期间开始，至今一直在做的研究方向。这部著作是对我过往4年研究的总结和梳理，也是2017年教育部青年基金项目"农民工子女全纳教育质量提升研究"的资助成果，批准编号：17YJC880070。自1978年改革开放至今（2018年），整整40年期间我国城镇化发展以及农民工子女教育的发展历经了不同时期的变化。本书将这40年分为三个阶段进行阐述：1978—2000年、2000—2010年以及2010—2018年。本书对每个时代的社会发展背景，各阶段的农民工子女教育政策以及历经三年完成的实证研究结果进行陈述。时至今日，我国的农民工子女教育问题仍然是社会关注和政府亟待解决的民生问题。这部著作既是对我过去研究的系列总结，也是下一步研究的开始。期待能有更多的学者加入此领域，共同为解决农民工子女教育问题贡献力量。

　　这部专著的完成，首先要感谢我的两位海外博士导师的指导，澳大利亚西悉尼大学的Kathryn Holmes教授和纽卡斯尔大学的James Albright教授。两位恩师在我海外读博期间给予了无微不至的生活关怀和学术指导，让我在澳大利亚留学期间充满了愉快充实的回忆，也让此研究顺利地开展，完成数据分析、论文撰写与公开发表。纽卡斯尔大学的Ronald Laura教授一直对此研究领域很感兴趣，并和我合作在国际期刊发表关于农民工子女教育的学术论文。其次，在这里要感谢团队成员，华东师范大学博士研究生李美芳、硕士研究生夏青，长沙师范学院彭莉萍老师（原华东师范大学硕士研究生），在研究撰写过程中给予我多方面的支持。几位收集文献，整理政策文件，分析资料，撰写第3～5章节的初稿等，使我的专著撰写节省了很多的收集文献的时间。再次，感谢香港大学教育学院李辉副教授、张晓副教授对此研究领域的关注与指导；感谢华东师范大学教育学部的平台，一方面有支持我的团队顾问人员华东师范大学周欣教授、黄瑾教授、张明红副教授等，另一方面得到学部和院系的领导和同事的支持，在此一并感谢。最后，很感谢我的刘臭臭小宝贝，每每在我修改稿件时，安静和乖巧地陪伴。心怀感恩，砥砺前行。

刘　婷

2018 年 6 月于华师大田家炳教育书院